12岁那年的21个夏日

——在美国过暑假

郑天圆 著

山东教育出版社

图书在版编目（CIP）数据

12岁那年的 21 个夏日：在美国过暑假 / 郑天圆著
. —济南：山东教育出版社，2018
　ISBN 978 - 7 - 5701 - 0252 - 5

　Ⅰ . ① 1… 　Ⅱ . ①郑… 　Ⅲ . ①中学教育—留学生
教育—概况—美国 Ⅳ . ① G639.712.8

中国版本图书馆 CIP 数据核字（2018）第 119219 号

责任编辑：刘卫红
封面设计：刘　畅
插图绘制：郑天圆

12 SUI NA NIAN DE 21 GE XIARI —— ZAI MEIGUO GUO SHUJIA

12岁那年的21个夏日——在美国过暑假　　　　郑天圆/著

主管单位：山东出版传媒股份有限公司
出版发行：山东教育出版社
　　　　　　地址：济南市纬一路 321 号　邮编：250001
　　　　　　电话：（0531）82092664　网址：www.sjs.com.cn
印　　刷：济南龙玺印刷有限公司
版　　次：2018年6月第1版
印　　次：2018年6月第1次印刷
开　　本：710 mm×1000 mm　1/16
印　　张：12
字　　数：132 千
印　　数：1—1000
定　　价：58.00 元

（如印装质量有问题，请与印刷厂联系调换）
印厂电话：0531-86027518

前　言

　　2011年初春，我第一次来到美国旅游。那时的我正读五年级，还不满10岁，也不怎么会讲英语，对美国的印象更是只停留在电影、电视节目和故事书里的一些片段；而那些印象碎片，色彩强烈却无法交融，门类杂多又纷乱支离，它们共同组成了一个如拼图般的、人人都知道的美国：星条旗、自由女神、迪士尼乐园、炸鸡快餐、西部牛仔、纸杯蛋糕，还有让我迷了整整一年的游戏——《愤怒的小鸟》。但是，我听说的这些词语，个个都长着一张"冷漠脸"，它们既不关心我，也不愿意与我合作。看着它们，我感觉自己正面对着一张画布，那上面被胡乱涂了几抹强烈的色彩，更多的则是广漠的空白，我完全无法理解这张画的整体意义。如果说美国的完整印象是一张由千万碎片组成的拼图，那么我手里最多也只攥着七八张。所以，当爸爸妈妈说要带我赴美来一次文化之旅的时候，我除了兴奋，还带了一肚子的疑问。

　　出乎一家人的预料，父母心目中的这次"文化之旅"，让我印象最深刻的，居然不是环球影城的电影特技，不是快乐而梦幻的迪士尼城堡，不是管理系统发达的社区图书馆，甚至也不是传说中美国"快乐教育"里三点就放学的当地同龄小朋友们，而是好吃的酸奶冰激凌！当我第一次在洛杉矶

Arcadia的街角吃到酸奶冰激凌时，我唯一的感受就是：我想要来美国，我想要一放学就跑进冰激凌店，然后随心地挑选一大杯组合了多种口味的酸奶冰激凌，再跑到炎热到近乎灼人的阳光下，大口大口地吞下这冰冰的、酸酸甜甜的美味。那几天，我肚子里装的可不再是疑问，而是酸奶冰激凌了。

在那个frozen yogurt还没有在中国流行的时候，我想去美国读书的唯一动力就由此"横空出世"了：我希望天天吃到它！

今天想来，这样"伟大"的梦想单纯、幼稚，可是它足够强大，强大到我愿意为了它，变得喜欢阅读英语，喜欢接触美国文化的方方面面，并渐渐萌生了去美国留学的强烈愿望。于是，同年8月，我又一次来到了美国。这一次可是真正的文化之旅，纽约活力十足的多元文化，新英格兰地区林林总总的世界顶级学府，大都会艺术博物馆令人叹为观止的丰富馆藏，波士顿那弥漫全城的音乐与体育精神……原来你是这样的美国！至今我也难以忘记，站在耶鲁大学的回廊里，看着校园里的参天古树和学子们匆匆的身影，我发自内心感受到的那种目醉神迷。我在大开眼界的同时也意识到，虽然我的肚子还在呐喊着酸奶冰激凌，但是我的心灵和大脑似乎更迫切地需要营养。这时，我才第一次严肃认真地开始考虑来美国留学的问题。

2013年暑假，升入初中后，我的英语水平提高了一些，爸爸妈妈也觉得我可以独自参加游学夏令营项目了。我们都知道，这也算是对我英语水平、独立生活能力和学习能力的一次测验：如果我连一个夏令营项目都坚持不下来，就别提留学了。恰在此时，我的英语外教兼好友Kelley也正好结束了她在中国的学习，要返家度假。她邀请我与她一起回家，在美国游玩三个星期，体验普通的美国人的日常生活，并了解美国特有的文化。Kelley告诉我，学习英语、了解美国文化与社会的最佳方式就是在生活中学习。在她看来，与其跟团走马观花地参观各类博物馆、名牌大学，或者是参加精品小班英语课程，还不如把这个暑假留给自己。

于是，2013年7月，怀着喜悦而忐忑的心情，12岁的我踏上了这次特殊的家庭寄宿旅程，在"吃喝玩乐"的过程中认识到令人惊奇的美国文化，学习了纯正的美式英语，也体验了普通美国人、普通美国家庭的生活方式，也因此促成了这本游学手记的诞生。

当时，为了留下我人生中第一次独自远赴异乡度假的体验，我保持了写日记的习惯。虽然仅有三周，但那三周每一天的安排都有或多或少的新鲜的内容。每天，我都怀着各种（主要是兴奋的）心情，用文字和照片记录下Kelley与我活动过程中的点滴细节。其实，由于我们决定要给自己在真正意义上放一次暑假，所以，那三个星期里，Kelley与我每天的行程与活动安排只有一个粗略的大体规划，并没有硬性的时间安排。而现在看来，我对这次homestay的记录也主要是从一个天真幼稚的"吃货"视角来展开的。

　　在这短暂而精彩的三周里，我参观过大部分游客赴美必看的传统景点，也享受了普通美国同龄女孩心目中真正的暑假。我参观了壮观的尼亚加拉大瀑布和伊利湖，也曾有几天窝在Kelley家摘莓子、烘焙甜点和制作首饰；我见识了全美闻名的暑期度假胜地Chautauqua Institution，也体验了我绞尽脑汁也想象不出的当地印第安土著舞蹈大会和牛仔比赛；我去过位于首府华盛顿的国会图书馆、白宫和蕴含丰富知识的博物馆，也随Kelley探访了她姑姑Terry的农场之家，并顺便近距离观察接触了她家的"动物园"。对了，在文艺复兴乐园，我还赶了赶那个时代的"潮流"，扎上了复古的发辫，并试穿了15世纪欧洲女人的服装呢！如果说在这场旅行中有什么东西使我至今难忘，那就是我对普通美国民众日常生活浸泡式的、最真切的体验。通过这次旅行，10岁时那些曾经与我是"陌路人"的词语逐渐变得愿意合作，它们开始在我脑中那张原本难以理解的画面上跳跃、舞动，更多的未曾谋面的词语也开始在这幅画上面显现、延展。它们共同勾勒出了清晰的轮廓，让我心中这幅主题为"美国印象"的画变得清晰了不少。

　　四年过去了，目前，我已经在美国读了整整三年书。回首四年之前的这次暑假短期旅行，它确实为我在美国留学打下了扎实的文化基础，也在很大程度上消除了我和目前身边的美国同学们潜在的、可能因文化差异产生的交流障碍。怪不得古希腊剧作家欧里庇得斯留下了这样的名言："体验、旅行，它们本身就是一种教育。"这短短的三周虽然最初并没有一个明确的教育目标，甚至，它起初就只有一个"随心所欲、吃喝玩乐"的简单目的，但实际上，它是我个人成长过程中一段特别美好的教育经历，也一直使我受益良多。现在的我，每天的校园生活与时间安排都是满满的，四年前的这种有了假期就"说走就走"的旅行，已经成为了一种真正的奢侈品。正因为如此，曾经拥有的那些闲适的夏日越发成为珍贵的回忆。当我再次回眸，重读这本日记，隔了四年的时光去探访那个12岁的我，我还是会为她想念的酸奶冰激凌而激动，为她在异国的一切大惊小怪而发笑，为她在微凉的湖水里游泳时的惬意而快乐，为她尝到了自己亲手烘焙的甜点而觉得幸福……我希望，这本游历手记，能为你——亲爱的读者，也带去这些琐碎的快乐和会心的笑容。

郑天圆

2017年12月

目录

7 月14日
在华盛顿与爸爸妈妈分别

今天是7月14日，按照我们的约定，Kelley今晚会与我们会合——也就是说，从今天傍晚开始，我就要与爸爸妈妈暂时分别一段时间，在Kelley的引领下进入一个美国家庭，体验真正的美式生活啦！

不过，傍晚之前，我还完全没有感受到"离别的忧伤"，并一直沉浸在和爸爸妈妈一起游玩的兴奋与快乐里。

其实，7月12日到达华盛顿后，我们一家已经在这个魅力十足的城市里暴走了两天，充分享用了华盛顿特区的"特权"——免费参观各种各样、或有趣或庄严的博物馆等建筑。

我们三人都非常喜欢的一个景点是美国国会图书馆，这个图书馆据说是世界上最大的图书馆，它的富丽堂皇和庄严之美让人叹为观止，我也只想到了"叹为观止"这一个形容词。我们参观的杰弗逊大厦，建筑风格古典而又优雅，内部的壁画和雕刻美轮美奂。

图书馆的主阅览室不能拍照，游客们只能排队隔着玻

图1-1　国会图书馆

璃看看这个迷人的阅览室，艳羡着那些能够进入阅览室、正在阅读的幸福读者。

图书馆还有一个圆形的藏书室，走进去的感觉好奇妙啊！古罗马风格的白色大理石支柱上有不少希腊神话中男神女神的雕像，天花板和外墙上都有精美的彩色玻璃拼画作装饰。在这里，精致而繁复的装饰品太多了，似乎每一寸空间都嵌满了花纹。我们细细欣赏图书馆内天花板上的壁画和名言警句，以及走廊上9位女神的青铜雕像。我最喜欢的是楼梯栏杆上的小天使，也许因为它们是可爱的小孩子雕像吧。

我们三人看得太入神，以至于错过了最佳的午餐时间，只好就近买了一大包薯片，就着酸奶在国会建筑物后面的草地上吃了简单的午餐。在中国，我还从来没见过这么大包装的薯片呢！在阳光正好的午后，我们拿出相机拍了拍周围的蓝天绿树和各种纪念堂，并自拍了一番。其实这样度过中午也不错嘛！

除了拥有丰富的免费博物馆资源，这里最善解人意之处还在于让重要的博物馆彼此距离较近——好吧，至少是我们要去的那几所。可是这也带来了另一个难题：选择困难！我们三个人各有各的兴趣点，所以也各自有心仪的游览目标。妈妈的最爱当然是艺术馆与书店，而我每次陪伴她时，就觉得那些名字和作者如雷贯耳、内容和风格却"千篇一律"的画作很无聊——也许，这是因为历史总是惊人的相似！

奇怪，我在看科学博物馆的时候就不会有这样的想法。比起我和妈妈的"强势"，爸爸是最爱折衷主义的一位。经过几秒钟激烈的讨论，我们达成了一个认知：妈妈自己去看艺术馆，爸爸陪我去看自然历史博物馆。这对我来说无疑是一大福利，因为爸爸可以充当我的行李员、摄影师兼忠实的听众，有时，他还可以充当零食的自动售卖机！

在我心目中，参观的重头戏一定是史密森自然历史博物馆！因为我很清楚地记得，英语课本里就提到了这个大名鼎鼎的博物馆，还专门介绍了其中的蝴蝶馆，这让我一直对它非常向往和好奇。于是，一进入博物馆，我们第一站就兴冲冲地赶到了蝴蝶馆。这儿陈列着两百多种蝴蝶的标本，工整的排列方式完美清晰地展现了蝴蝶的进化轨迹，比百科全书要生动许多。培育室里，七八十种蝴蝶正在翩翩起舞。我发现，有些蝴蝶有鲜艳的色彩和花纹，有蓝色、绿色、橙红色，甚至粉紫色，其中一些还带着荧光；也有一些身上只有棕色、褐色和红色斑点，这颜色搭配就像是脱落的树皮。这里展出的蝴蝶，有的为了警示捕食者而披上漂亮的外衣，有些为了得到自然的保护而"衣衫褴褛"，也真是各有各的生存妙计呢！

除了观赏蝴蝶，我还收获了各种各样的有趣的知识。我和爸爸走过了不少展厅，了解了关于远古动物、海洋动物、宇宙天体、钻石珠宝等等五花八门的知识；在矿石展厅内，除了巨大的晶石，我还看到了由各种化学结构形成的奇形怪状的大块矿石，有的矿石的剖面与梵·高的名画《星空》惊人的一致，有的还会在黑暗中发出不同颜色的光。大自然的造化如此神奇，它对人类的馈赠也如此丰富。一路上，我和爸爸讨论得口干舌燥，脚都走疼了。不过对于热爱科学的我们来说，脚疼算什么！兴奋的感觉更让我们愉悦，就像吃大餐一样满足。

图1-2　自然历史博物馆——蝴蝶馆

好像是一瞬间，博物馆就闭馆了，我们和
妈妈在约定的地方重新会合。夏季
的傍晚仍然高热难耐，爸爸买
了三只巧克力脆皮牛奶冰淇
淋，算是稍微解了解暑热。

匆匆赶回酒店，时间刚刚
好，正是Kelley和她的朋友Jeannette
来接我的时间。在热烈的阳光下，我与Kelley重

图1-3　冰激凌车

逢了，并第一次见到了Jeannette。Jeannette的相貌与Kelley有点相像，她褐色的眼
睛美丽又有神，看起来是一个和善可爱的女孩。看到她的样子我就明白了，她能
成为Kelley的好朋友，我一点也不惊讶。

考虑到我接下来就要跟Kelley和Jeannette坐地铁回家，我们就不再另外寻找餐厅
了，而是一起在我们入住的酒店共进晚餐。早就准备好大快朵颐的我被一份羊排迷
得忘记了即将到来的分别。配着土豆泥和蔬菜的羊排很好吃，可惜份量少了点，我

图1-4　羊排

图1-5　热饼干

感觉没吃饱，就又点了一份巧克力冰激凌。吃完最后一口奶香浓郁的冰激凌后，我才算是填满了肚子。Kelley和Jeannette都怕胖，所以她们分吃了一份诱人的巧克力"cookie"。"cookie"一般被译为"曲奇饼"，其实叫做饼干也可以。不过，国内的巧克力饼干都是小小的，被装在包装袋里出售；这里提供的巧克力饼干却足足有巴掌大，而且可以要求服务员给加热！最让我感兴趣的是饼干里的巧克力块儿，这并不是用巧克力粉或小巧克力片来敷衍的。看到这些不规则的大块儿巧克力，我都能想象出烘焙师是如何掰碎一大块巧克力来制作这种巨型饼干的。

吃完晚餐后已经7点多了，但太阳还是迟迟不下山，让我们体验了华盛顿那种好似亚热带季风气候的温带大陆性气候。刚刚在地理课上学的知识，现在也能用上了！

走出酒店后，妈妈提出要给Kelley和我们一家合个影，我已经控制不住自己的眼泪了：爸爸妈妈只把我送到地铁站，而我在这一别之后将会有半个多月的时间见不到他们——这是我第一次离开他们与别人一起生活这么长时间！为什么非要挑这样一个时间拍照不可啊？但是我还是擦干眼泪，勉强笑着与大家合影。我努力不让Kelley看出我在哭，因为我其实早就很期待和Kelley一起度过暑假，可是我没想到会这样不舍得离开爸爸妈妈，我还是没有控制住自己。

走到地铁站，我们必须进站了，爸爸妈妈和Kelley一直在安慰我，但我无论如何也不能停止悲伤。在这个地铁站，检票进站之后，就是一个向下的自动扶梯，走上扶梯，我终于看不到站在地铁站外面目送我们的爸爸妈妈了。坐在地铁车厢里，也许是冷气太足了，我又难过又冷，捂着脸哭了起来。我一直哭啊哭啊，连保安都来问我出了什么事，Kelley连忙为我打圆场。也不知哭了多长时间，最后还是Kelley无声的拥抱让我暖和过来，也安静下来。

结果，到站后悲伤的心情完全消失了，此时的我仿佛换了一个人：我不再想爸爸妈妈，而是开始讨论这半个月来可以进行的种种有趣的活动以及华盛顿特区的美食。之后，我得知后面的4天都要寄宿在Jeannette和她的男朋友家中，而Kelley已经在她家里住了一夜，而且是睡在充气床上！听到这里，我又有些兴奋了：我还从来没有睡在充气床上过，这也一定是不错的体验吧！

晚上九点左右，Jeannette的男朋友G开车来接我们了。他长得很高大，看起来很友善。九点半左右，我们到了Jeannette家里。没想到他们并没有因为家里来了个特殊的小客人而拘束，仍然是保持平常的生活习惯。晚上睡觉的时候，Kelley将充气床让给了我，她则睡在大沙发上。我四仰八叉地躺在充气床上，四处空空荡荡的，我突然又感觉有些忧伤。我努力不让自己感到难过，"一定会很好玩的，我将要学手工，还要去很多有意思的地方旅游，多棒啊！"我自己安慰自己，悄悄说了很多遍。终于，我迷迷糊糊地睡着了。

7月15日
华盛顿动物园

　　我万万没想到，"美式暑假"的第一天是从写作业开始的。也许是因为"人生地不熟"，一向喜欢赖床的我早上六点多就起了床。此时，Kelley、Jeannette和她的男朋友G都没有睡醒，于是我索性就坐在椅子上写语文作业，半个小时内就"刷"完了半本。

　　终于，迟来的早饭时间到了。我、Kelley、Jeannette和G四个人一起动手做了早饭。经过做这顿饭，我才知道，制作一顿美式早餐对我来说真是so easy，妈妈再也不用担心我会饿坏了。

　　这是一顿简单而经典的美式早餐——有炒蛋和土司配奶油奶酪。 奶油奶酪一般都带有酸味，我不怎么爱吃，而在这里，Kelley他们却将它当做黄油抹在面包上吃。我大胆地尝试了一下，味道居然不错！这一天还没有真正开始，我就学到了这么多新鲜的东西！

　　G去上班之后，Jeannette向我展示了他们的房间——这是个简单又温馨的粉色双人房，到处都是粉色，这不就是不少女孩子理想当中的小天地嘛！她的男友脾气可真不错，能够忍受这样的粉红世界。不过，在这个房间里也有G的一片天地——他尤其钟爱海豚，两人就买了很多海豚布偶，大大小小的海豚放满了一面墙。一些小的"海豚"只有手掌那么大，但也有大的，我看到了一个45英寸长的大"海豚"，真壮观。Kelley早就说今天我们的计划是去动物园，而我觉得在Jeannette家里已经提前看到了动物园。

上午九点多，系上爸爸前几天在Sport City①为我买的零钱兜，我和两个美国女孩坐上"公交地铁"，向着华盛顿动物园出发了。

今天华盛顿的温度达到了40℃，而且下车之后，还要步行几个街区才能到动物园，但是一路上有枝叶茂盛的大树为我们遮凉，不但不让人心情焦躁，反而让我记起了课本里"横柯上蔽，在昼犹昏"②的词句，心里由衷地赞叹：古人对绿荫的描写真是贴切！

图2-1　导览图

终于来到真正的美国国家动物园了！所有游客都可以免费入园，所以拿上导览图，我们就可以随便游览啦！

看着导览图，我的第一感觉是：华盛顿动物园简直是个巨型乐园！根据介绍，这里不仅饲养着多

① 一个美国连锁的运动产品大型专卖店。
② 出自吴均的《与朱元思书》。

达上千种的动物，足够小孩子们来大饱眼福，而且处处都是动物主题纪念品店，还有各色食物摊儿。这些小摊儿大多售卖独具特色的快餐和各种各样的饮料，我不得不说，汉堡啊、热狗啊、薯条啊什么的对健康没有益处，但是它们的香味太诱人了。这才刚刚上午十点，有些摊儿前就排起了长龙，生意简直太火了！

我和爸爸妈妈一起参观时，总是有很严格的时间规划；和Kelley她们一起，画风就完全不同，我们三人可以算是漫无目的地游走。Kelley一边给我介绍美国生活的基本情况，一边指点我看身边经过的动物。

我们不知不觉地经过了露天的灰熊展览区。灰熊区正有一只小灰熊，站在假山上不敢跳下来。它看起来是初学走路的样子，两只小爪子放在胸前，看起来又像作揖，又像祷告。假山下面站着一只大灰熊——我猜那应该是它的妈妈——

图2-2 小朋友

正在焦急地瞪着它。这个场景吸引了很多游客驻足围观，很多小孩子都和小熊一样着急，大人们则善意地笑了。

有时，毫无规划的游览也能带来惊喜。这不，我们走着走着，居然就撞见了很多人需要特意寻找的两栖和爬行动物馆。这个展馆里大都是来自其他国家的珍稀动物品种，是华盛顿动物园的亮点，所以很多游客把它列为必看景点之一。

为了保护动物，每次进馆的人数都有严格限制。场馆外面排起了长长的队伍，我们顶着炎炎烈日，汗流浃背地等了15分钟才得以入馆。附近还有哺乳动物馆，但那里门可罗雀。相比较而言，那些哺乳动物在美国实在太多，随处可见，对当地居民和游客来说，也就不算多稀罕了。

场馆的设置像一个"U"形的结构。一进馆，我们眼前就是好多长相怪异的蜥蜴。转过弯，你就能看到全世界大多数品种的淡水鳄。淡水鳄的邻居是一条4米长的大蛇，它吸引了不少人的眼球，因为它身上的花纹太奇特了，是一种黄色、黑色和红色交错的条状纹路。它的身边簇拥着一些黑色的小蛇（和它比起来，它们实在是太小了），这幅景象就像是一个雍容的王者和他的部下正在小憩，完全无视了我们这些观赏者的存在。

图2-3　蜥蜴

在馆里绕啊绕，我终于在离出口不远处看到了青蛙——也许不叫青蛙，因为这些蛙类只有少数是有绿色皮肤的，严谨地说应该是蛙类。正好，我昨天在自然历史博物馆也观赏了不少蛙类标本。动物园和自然历史博物馆的蛙类很类似，它们都硕大无比，大多数是棕色带斑点的，也有一种亮绿色的树蛙，它皮肤的颜色几乎和嫩荷叶一样。

到底是珍稀物种展览馆，能在这里得以"颐养天年"的蛙类大多是箭毒蛙：它们多数是橘红皮肤，也有黄色皮肤的，还有几只最最珍贵的，简直就是百科全书的"平面模特"，它们披着天蓝色的"皮衣"，上面装饰着黑色斑点。别看箭毒蛙的"衣饰"这么华丽，它们分泌的毒素可是世界上最危险的毒素之一——一只小小的金黄色箭毒蛙可以杀死10个成年男子！

有蛙的地方应该是有蝌蚪的，但是在箭毒蛙身边的水草里，我连一只蝌蚪都没发现。百科全书介绍说，因是肉食性动物，蛙类要将它们的后代转移到较远的地方，以防止它们互相残杀。

中午十二点时，我们结束了在两栖和爬行动物馆的参观。我们早饭吃得太早，5个小时已经过去了，我的肚子已经快要瘪了。Kelley带我去了一家小小的stop①，用七八美元买了一盘薯条，又为我买了一份炸鸡。Kelley 和Jeannette都是素食主义者，所以她们拿出了自己做的什菜三明治和迷你胡萝卜，津津有味地吃了起来。她们的三明治里加了一种奇怪的酱。哦，天啊！我是不会吃的。

本来我以为4美元能买到一包像麦当劳那样"大份"薯条就很开心了，没想到热情的店主给了一大盘，我一个人可享受不了，我们三人合力才吃掉了它。薯条很香，但是我们吃得口干舌燥，于是我又去买了一杯加冰的Lemonade②。说是加冰，其实里面一大半都是冰！不过我喜欢，因为它好喝又解暑。

"充电"之后，我们走到了"鸟的天堂"——这里对于参观者们来说，真是名副其实的鸟儿的天堂。走进园区时，我感觉自己来到了一个争奇斗艳的自然保护区，这里面要数火烈鸟最有特色。上百只火烈鸟在它们的领地里休息和嬉戏，还有一些可爱的灰色小鸟夹在中间，浑身毛茸茸的，嘴巴扁扁的，像小鸭子。火烈鸟区的介绍牌上写着："火烈鸟的雏鸟一般只在6月下旬到7月10日孵化出壳。"我这才知道这些灰色的小鸟是火烈鸟宝宝。听说火烈鸟以虾、蟹为食，这也是它

---

① 类似于路边小摊，有时也可以理解为快餐店。

② 直译是柠檬水，实际上是在水中添加柠檬汁和足量的糖而制成的饮料，酸甜可口。在美国，几乎所有的路边饮品摊及咖啡馆都有出售。

图2-4　火烈鸟

图2-5　火烈鸟宝宝

图2-6　鹦鹉

们羽毛鲜红的原因，因为这些食物中含有红色色素。

　　这个"自然保护区"是一个室内鸟类馆，稀奇的鸟儿们与参观者只有一层玻璃之隔，看上去像是自然历史博物馆里的标本小鸟复活了一样。几种鹦鹉一下子吸引了我的注意力，这儿最多的是经典的金刚鹦鹉，它们有红黄蓝三色的羽毛；也有羽毛以绿色为主、黄蓝为辅的鹦鹉。另外让我觉得新奇的是鹦鹉的邻居——肥胖的几维鸟，它们与猕猴桃同名。在这里我还看到了四五只猫头鹰宝宝，它们大多在睡觉，只有一只特立独行，它正瞪着水灵灵的大眼睛看着我们——看来它"失眠"了。

　　走过一座小木桥，我们看到下面有几种野鸭，路上还有一只用木棍和藤条扎成的大象。这个艺术作品被放在路边，差点让我产生错觉：大象怎么跑到鸟儿这里来了？路边全都是各种鸟棚，有一只白身黑头的鸟飞到了它的"邻居"孔雀家里，于是遭到了雌孔雀们的报复——它们扇着翅膀，合力把这个陌生的家伙赶出了护栏。雄孔雀们则对这件事不屑一顾，它们摆弄着自己美丽细长的羽毛，有蓝绿色的，有白色的，正在举行"时装秀"呢。

图2-7　大象公共艺术模型

图2-8　孔雀

　　下午三点左右是华盛顿最热的时候，温度达到42℃。动物园还没有闭馆，但是实在太热，再这样下去我就要中暑了。我们决定离开动物园，去找个frozen yogurt①店吃酸奶冰激凌。这种冰激凌是美国的特色，一般店里有十几种口味可供挑选，选好后拿杯子挤上一些冰激凌，然后称重付款。

　　其实我在美国已经吃过几家不同的冰激凌，每家店都有自己的特色。比如这一家，竟然有柠檬水口味和甜菜口味的"酸奶"冰激凌！我想尝个鲜，所以各挤上一点我没尝试过的新鲜口味，然后又选了几种我最爱的经典冰

图2-9　froyo店内

---

① 即冰冻酸奶冰激凌，具有低卡路里的优点，最先在美国开始流行。

15

图2-10 酸奶冰激凌

激凌。走到收款台时，我发现店家太会做生意了——前台还有一些新鲜的水果和糖，让人欲罢不能！这些水果中最吸引我的是在中国几乎吃不到的各种莓子，有树莓、黑莓和一种不常见的无名莓子。前两种虽然是众所周知的，但是在中国的超市里也不容易见到。

我记得鲁迅先生在《从百草园到三味书屋》中对覆盆子的描述，说它"像小珊瑚珠攒成的小球"，"色味都比桑葚要好得远"。我也想尝尝这"色味都比桑葚好得远"的树莓，于是我在自己的冰激凌上放了几颗树莓和黑莓，付过钱后就迫不及待地拿起一颗尝了尝，看来鲁迅先生说得真是名副其实——除了酸甜可口外，还有一种特别的清香。比起树莓，黑莓就有些酸涩了，不过这也许是因为没有熟透。听Kelley说她家的大园子里有黑莓，黑莓要完全变成黑色才可以采摘。想到过几天我也可以亲自采摘黑莓，真是特别向往。吃过多种口味的冰激凌后，我比较了一下，虽然有各种稀奇古怪的口味，最好吃的似乎还是原味的酸奶冰激凌。如果妈妈现在也在这里，一定又要暗示我该在此时悟出点儿人生哲学吧，哈哈！

从动物园回到Jeannette的公寓，虽然我们都精疲力尽了，但是为了吃得健康，我们打消了叫外卖的念头，决定自己做晚饭。Jeannette向电饭锅里放了一些米，这种米粒应该是没有经过加工的粗粮。后来，她们又做了一个"洋葱炒二椒"，这道菜我在中国可从来没见过。所谓洋葱炒二椒，就是把洋葱切成片，再把青椒和红椒切成丝，一起在锅里翻炒。估计包括我在内的很多人都会对这道菜的味道表示怀疑，但两个美国姑娘却吃得津津有味。我呢，拿出冷藏的西兰花，用橄榄油翻炒了一下就出锅了，味道还不错呢。没有和Kelley一起生活之前，我一直认为美国人每天摄入的都是高蛋白高脂肪的食物，现在我才发现，其实也有不少美国人的膳食搭配比较健康。也许，大多数美国人选择快餐并不是因为喜欢快餐，而是因为生活节奏太快了，需要节省就餐时间。

晚饭后，我们三个女生一起坐在沙发上，拿起遥控器，随便看了两部电影。没有中文字幕，我看得糊里糊涂。看完电影时已经十一点了，大家纷纷互道晚安后就洗漱睡觉了。

我躺在充气床上，却怎么也睡不着，也许是因为这一天的安排太兴奋，也许只是因为时差的原因。翻来覆去半个小时却入睡失败后，我索性和国内的朋友开始网上聊天。聊到凌晨一点左右，我终于无法抵挡浓浓的睡意，简单整理好被子和枕头，就安静地躺好睡觉了。

明天一定也是令人激动的一天！

7月16日
闲来随便逛逛的一天

    由于睡着的时候已经凌晨一点了，今天起床，我一看手表，都九点钟了。

    洗漱过后，我感觉胃口仍在麻木状态中，就从冰箱里找出昨天做的冰镇柠檬饮料来醒醒胃口。这时，厨房里飘来一阵肉桂的味道，原来Kelley早就起床了，她做好了肉桂松饼，正在一个一个地为它们裹上白糖。哈！看起来今天的早餐很香甜！在前几天的旅途中，我发现很多美国人都喜欢肉桂的特殊香气，在大大小小的Bakery①里都有几种肉桂点心。

    看到我期待的眼神，Kelley马上邀请我尝一个。我迫不及待地咬了一口，入口时感觉像蛋糕一样松软香甜，但是再吃几口时就感觉味道怪怪的。同时，我的喉咙里有一种压迫感，使得我差点把松饼吐出来。我不愿意让Kelley伤心，就吞下这些说香不香、说辣不辣的糊糊之后便说我

———————————————

① 指售卖面包、蛋糕等点心的烘焙店。

饱了。其实我知道美国人一般很直率，即使我真的不爱吃，Kelley也不会计较。但是，不喜欢吃别人辛辛苦苦做出的"作品"，就好像是在说"你做得不够好"一样。所以，Kelley，请原谅我的中国胃！

闻起来香甜的松饼早餐虽然不是那么令人心满意足，但是好在我也不饿。而且，跟两个女孩一起住的最大好处是：我可以在早餐之后就立即看电影！这可是在和爸爸妈妈一起生活时得不到的优待。Kelley和Jeannette为我推荐了一部电影，它有一个很文艺的中国名字——《勇敢传说》。故事主要讲述了公主梅丽达不愿听从母亲的话，去与其他民族和亲，后来她求巫婆把母亲和三个弟弟变成熊。最后在杀死邪恶的大王子变成的熊之后，她的母亲和弟弟们变回了原形，一家人相互理解，又过上了幸福的日子。

看完之后，不知是因为感动还是因为思念，我又开始哭，从一开始的啜泣变成了后来的放声大哭。Kelley和Jeannette有点手足无措。她们竭尽全力来安慰我，但这安慰过了好长时间后才见成效。更糟糕的是，哭着哭着我感觉头晕、发热，浑身出冷汗，整个人躺在充气床上绵软无力。Jeannette摸摸我的头，说我有些"warm"，是发低烧了。她们劝我休息一下。就这样，我眼角还带有残余的泪痕，迷迷糊糊地睡了一觉。醒来的时候，Kelley拿了一杯带冰的柠檬水放在我面前。喝完之后，我感觉明显好多了。在华盛顿特区这样酷热的天气下，带冰的饮料简直就是救命仙草啊！

经过这样一整个啼笑皆非的上午，为了庆祝我的"满血复活"，Jeannette中午开车带我们去了梅西百货购物，这大概是女孩子们用来治疗情绪疾病的灵丹妙药。梅西百货是美国数一数二的连锁购物商场，基本在每个大城市都有，占地又大，货品又全。一进商场，我突然感觉虽然我没有像两位姐姐那样旺盛的购物欲，但我至少也要让自己大饱眼福呀！Kelley和Jeannette在一家品牌店里逛了一会后，都选到了自己心仪的裙子；Kelley还很重视我的意见，她买下的一件蓝白花样的裙子还是我为她选的呢。Jeannette要选一件能够参加别人婚礼的正装裙，这可让我们三人大伤脑筋。我感觉我们用了半个世纪才做出最终决定：一件橙色和灰色条纹、条纹间隐有黑色花纹的裙子。看来Jeannette要参加的婚礼并没有电影中看到的那么正式嘛！

选完了参加婚礼的裙装，我终于可以去看一看自己感兴趣的Godiva（歌帝梵）巧克力店啦！这家巧克力店在全美的知名购物场所都能见到，梅西百货当然也不例外。因为美国七月四日独立日的节庆活动还在继续，这家橱窗里摆着红蓝白三色巧克力星星棒棒糖，特别有节日气氛。巧克力的颜色本身就有很多种，不都是常见的可可色。玻璃柜里，橙色、粉色、蓝色和绿色的巧克力组成的方阵就像烟花一样绚丽。

这真是不走寻常路的巧克力店，在这里，我几乎见不到"常规"的巧克力制品——它们要么形状奇特，要么颜色鲜艳，要么口味与众不同。在店里的边柜上，一块块板状的巧克力码得很整齐。Kelley买了一板巧克力，上面写着50% sea

图3-1　歌帝梵自由日巧克力　　图3-2　歌帝梵自由日巧克力草莓　　图3-3　歌帝梵各色巧克力球

salt（海盐）。对啦，你没看错，就是字面意思：50%可可浓度的，并加上海盐粒的巧克力。Kelley吃得起劲，还不忘邀请我也尝一尝。"这个真的不咸吗？"我起初有点犹豫，但尝了尝后发现海盐巧克力并没有我想象中咸得那么怪异，反而口感似乎更甜了。这让我联想到很多蛋糕的配料中都有盐，大概也是这个原因吧。

　　跟着两位年轻姐姐逛商店，我们的目光始终围绕着年轻女孩的世界。这不，离开巧克力店以后，我们又走进了一家少女系鞋店。很显然，美国女孩在鞋子款式的选择方面比中国女孩多得多。我唯一好奇的是，美国女孩家里的鞋橱会不会太挤？这里的鞋花样多，价格也贵一些，有许多我没有见过的鞋子款式。有一种鞋子，穿上去整个脚面都是黑色的丝带；还有一双高跟鞋，高跟处有一对镂空的蝴蝶；我甚至看到一双高得令人咋舌的增高鞋，上面满是亮片，这鞋子穿上能走路吗？！这家鞋店里居然也同时售卖发卡和头绳，都是亮色系的。这家鞋店真懂女孩子的心！

图3-4　肥皂远景

　　鞋店的旁边是一家手工肥皂店，如果不是店里充斥着各种卫浴的香味，我会错以为这是一家摆着巨大的奶酪和五彩缤纷的蛋糕卷、冰激凌球的西点店。店里有小花装饰的香皂，既有几种颜色混合的洗手皂，也有添加草药的沐浴皂，它们每一个都香气四溢，如此诱人。唉！我的购物欲

图3-5　肥皂近景

也快被激发起来了!

如果说之前看到的都是美国产品或设计,让人倍感新奇,那我们后来看到的店铺更是让人大吃一惊——因为这是一家卖茶的店铺,里面摆满了紫砂壶。对,你没看错,是紫砂壶!并且不是"Made in China"(中国制造)!还有几套是青花瓷的茶具,价格都不低。挑选这些中式壶的人中也不乏金发碧眼的欧美人,看来本地居民对中国茶文化很了解。有一套颇具创意的茶具,壶身和杯身是白色的,上面都有淡绿色的竹子纹样,完美融合了中国古典风味和现代的时尚元素。

这家店面也售卖英式下午茶所用的茶具,上面大多绘有玫瑰花和蓝色背景,非常精致。我注意到,除了茶具,这儿还有几十罐不同的干茶叶(与中国的茶叶不同,它们看起来是更适合本地口味的组合茶)等待顾客们选择,顾客们还可以根据自己的口味自由组合。

茶店门口还有一个"饮水机",上面写着"HOT TEA"(热茶),供客人们自己来取用。今天这里摆放的水果茶是由石榴和橘子花加上茶叶冲泡成的。好奇的我也尝试了一下——水果茶倒出来的时候是橙红色的半透明液体,好像是石榴的颜色和橘色调和在一起,口味有点酸和苦,但是有水果的清香。我不喜欢喝茶,所以喝完这一小杯就不再喝了。Kelley和Jeannette倒比我更像中国人,她们一人买了一杯茶,不过闻起来还是花的味道多。

其实刚步入梅西百货,在还没有大饱眼福之前,我就大饱口福了。因为它的负一层有一家冰激凌店,昨天我吃得还意犹未尽,索性今天又去吃了一次。一进店面,嚯!这里提供的口味比昨天要有趣许多,其中包括草莓柠檬水味、卡布奇诺味,甚至还有生日蛋糕味和开心果味!今天的几个基本口味里包括草莓味,于是我尝试了一些。我本来以为所谓的"草莓味"相当于加了草莓香料的香草冰激凌，没想到这草莓味竟和真草莓一样酸！

下午，在我们回家的路上，Jeannette带领我们去了Five Guys。这是一家很有名的卖薯条的连锁店，听说那里的薯条都是用花生油炸的。Jeannette说"peanut oil"（花生油）这两个单词的时候脸上露出有点夸张的惊奇表情，她显然觉得这是一件新鲜事。不过Kelley马上就告诉她，花生油在中国很常见，超市里主要卖花生油，大家做饭也喜欢用花生油。

我们花了6美金左右就买到了一份特大薯条——还冒着热气的薯条用油纸包着，油纸上好像还有报纸的纹样，也许是因为以前的英国人的炸鱼薯条都是用真正的报纸包着的。在卖薯条的柜台前还摆着三个黑色酱桶，放的是番茄酱和其他两种配薯条吃的酱。这份薯条可真够多的，我们三个吃了半小时才吃完。

相比较而言，G就没那么幸福了。他既没有福气"血拼"，也没能吃到新鲜的薯条，刚下班回家的他饥肠辘辘，所以，我们又为他做了一些晚餐（食材就是昨天买回来的蘑菇和豆腐）。我炒了一盘蘑菇，然后用橄榄油做了煎豆腐。煎豆腐没有用花生油煎的香，但是做出来的豆腐又滑又嫩，三个美国大朋友都很喜欢吃这道菜。哈哈！我的自信心得到了极大的鼓舞。

饭后的娱乐项目是"愤怒的小鸟"的现实版——所谓现实版，就是其中的场景模型，玩法就是从游戏包装中自带的卡片里拿出一张按照卡片上的模型来用"玻璃"、"木块"和"TNT炸药包"来摆出猪猪们的"房子"，然后拿"弹弓"来击打猪。当然，"TNT炸药包"里根本没有什么类似炸药的东西，它是一种装置，比较轻微的碰撞就能使装置自动弹开。如果猪全部掉下来了，就算胜利。虽然这种玩具很幼稚，但其实要真正掌握是很不容易的。我玩了好几局都没有得到分。Kelley中途到浴室去拿了一个橡皮鸭子给我们。这下子我们可以玩了。

玩了半小时左右，大家都觉得这个游戏有些幼稚。Jeannette开始织灰色的毛袜子，G打开电视看综艺节目，我和Kelley也跟着看了一会儿。虽然主持人说的话大部分我都没有听懂，但是看着电视机前主持人和女孩们的互动，我好像懂了——这是一个美容节目。我看见Jeannette织的灰色毛袜子已经成型了，现在她正在给它们加花边。

晚上十点，我们准时熄灯睡觉。这一天过得比想象中开心多了！

7月17日
林肯纪念堂与纸杯蛋糕

来华盛顿特区旅游，如果不安排一次白宫之旅，就好像来到北京而不参观故宫，也未免太遗憾了。所以Kelley和Jeannette打算带我去白宫周围看看，领略首都气象。

上午九点多，我们又一次搭乘了方便的公交地铁，在Pennsylvania街下了车。这可是华盛顿最著名的几条街之一了。除了各种历史性建筑和景点，街上也有不少有特色的小店，还有一些pub①。我在pub里又买了一杯酸甜爽口的柠檬水——第一次感觉华盛顿的高温也不错！

穿过几条绿树成荫的小路，我们不知不觉走到了二战烈士纪念碑。石碑上刻有美国50个州的名字，以及50个州各自建立的年份。二战纪念碑旁边还有一个美国南北战争纪念碑，碑上有4000多颗星。据说，每一颗星都代表100个

---

① 即小酒吧、小酒馆。通常出售咖啡、点心、简餐、罐装饮料等"非酒精类餐饮"和非烈性酒，是歇脚的好地点。

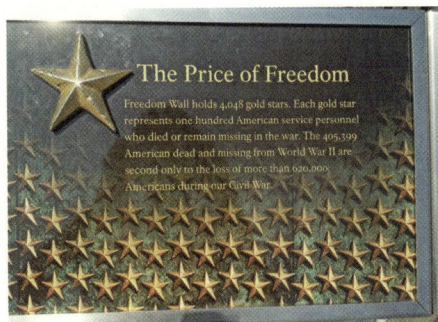
图4-1 二战纪念碑

在战争中牺牲的美国人。碑前的一个牌子上写着"THE PRICE OF FREEDOM"（自由的代价），这行字好像有无形的力量，能够屏蔽周围游客的嬉笑声。谁走过这里，神情都会多少变得肃穆。

二战纪念碑后就是林肯纪念堂和华盛顿纪念碑。在我们去往林肯纪念堂的时候，有一群野鹅也正排着队横穿小路，却没有游客打乱它们的阵型；野鹅们显然并不是这里唯一的主人，随处都有松鼠在树林里和草地上玩耍。鸽子也非常多，时不时聚在一起。野鹅们闲庭信步，终于走到了它们的目的地——林肯纪念堂前的浅水池，并排着跳了下去。跟着野鹅一起落水的还有不少游客手里的硬币，据说向水中扔钱可以带来好运气——这一点中西方好像没有差异，咱们中国好多经典的水池也铺满了硬币！

图4-2 华盛顿纪念碑外

图4-3 野鹅漫步

　　我们终于来到了林肯纪念堂的脚下，原本一直期待着室内空调的我到了这里才发现，纪念堂既不是室内也没有空调，等待我的只有几组长长的台阶和一尊高大庄严的白色大理石林肯像。在42度的高温下，我对历史的激情已经要完全被蒸发掉了。善解人意的Kelley看出我快中暑了，连忙带我去小摊上买了草莓冰棒。

　　经过简短的午间休息，我们从林肯纪念堂出发，走了不久就到了白宫。白宫居然不是一座"宫殿"，只是一座漂亮的、方方正正的白房子！它的绿草坪和喷泉看起来不错，但也不稀奇。唯一让它与美国豪宅能够区别出来的大概就是它四周显眼的黑色铁围栏，以及严密的安保措施吧。我们的视线被一个正在参观白宫的中国旅行团给挡住了。好奇的游客们太多了，大家聚在白宫前，有些在忙着拍照，有些趴在围栏上"望眼欲穿"。人多，天气也热，我们匆匆看了几眼就走了。

图4-4　白宫远景

　　Kelley和Jeannette真是我的好老师，她们答应我今天的历史文化课就此结束！接下来当然是去买做cupcake（纸杯蛋糕）所需的原料啦！Kelley说要教我做蛋糕，所以一进超市我们就直奔售卖蛋糕粉的货架。两排货架上，一盒一盒名目繁多的蛋糕粉摆得整整齐齐，这让一下子面临太多选择的我竟有种"老虎吃天，无处下口"的感觉。

　　我好像开始明白美国每家人都会烘焙甜点的原因了：超市里的蛋糕粉大多已经是用各种材料按比例调和的半成品，有了这些材料，制作甜点时只需要按照说明书添加水、鸡蛋、牛奶等材料就大功告成了！当然，总有一些不为半成品所动的资深甜点爱好者，他们更加热衷于买原始的材料，一切从零开始。今天，资深甜点爱好者Kelley为了让我这个初学者体验一下制作甜点的完整过程，决定买最基础的低筋面粉。

除了蛋糕粉，我们还买了用于装饰纸杯蛋糕的frosting（糖霜）和食用色素。这是我第一次接触食用色素，一上来我就选了看起来最不靠谱的棉花糖味蓝色食用色素——柠檬蛋糕上带棉花糖味糖霜，听起来好像很奇怪。不过，不大胆还算是尝试吗？再说，接下来的十几天里，我们还要做各种各样的甜点呢。

Kelley又在购物车里放了几件物品，有柠檬、牛奶和黄油等等，就是没有鸡蛋。"没有鸡蛋，怎么做蛋糕呀？"我表示很怀疑，但Kelley却胸有成竹地说，不需要用鸡蛋就可以制作纸杯蛋糕。不含鸡蛋的蛋糕？这我还是第一次听说。

美国的超市里几乎什么都是巨大的：有两三个品种的蘑菇比拳头还要大，牛排也比中国超市里卖的大上好多倍，有些有小臂那么长，像一本字典那么厚。我猜这是因为美国人的家庭成员比较多，烧烤聚会也多，这样大块的肉也就不稀奇了。

图4-5　做纸杯蛋糕的原料

我们满载而归，回到Jeannette家以后，便开始做柠檬纸杯蛋糕喽！Kelley拿出了一杯牛奶、两个柠檬、一袋面粉、糖、盐以及其他一些食材，这些都是做柠檬糕点的常用配料。除此之外，她还准备了一些果醋，也许是用来调味的。一切准备工作完毕，现在就是她大显身手的时候了！

我们先把柠檬切成两半，然后动手把柠檬汁挤到一个小碗里备用。Kelley又拿出一个大碗，将面粉倒了进去，再把一些淡黄色的果醋倒在面粉中间，大碗里顿时好像出现了一个摊开的超大的鸡蛋。

陆续加入所有食材后，我们将所有的配料在大碗里搅拌均匀。接着，Kelley拿出一个有十二个"洞"的烤盘，这些"洞"正好可以用来放一个一个的纸杯蛋糕。烤盘的表面摸上去好像带有一层油脂；不过这样一来，蛋糕脱模就容易多了。Kelley把每个"洞"里倒上一些面糊，但是每次又要留下大约三分之一到一半的空隙，这是因为蛋糕在烘烤过程中会膨胀。一切准备就绪之后，Kelley就把烤盘放进烤箱。我对着这个大烤箱惊叹不已，Kelley却告诉我，美国几乎每户人家都有这么大的烤箱。大烤箱的温度便于调节，烘烤出的蛋糕也一定更好吧！

纸杯蛋糕还在烤箱里，我和Kelley拿出买来的一桶白色糖霜和蓝色的棉花糖口味食用色素，打算合理利用时间，现在就准备制作装饰的材料。打开糖霜的包装，我发现糖霜最上面的一层已经基本变成了固体。我又用叉子蘸了一点尝了尝：这种糖霜很甜，并伴随着细小的沙粒感。真是一种奇妙的口感啊！

跟我这个烘焙点心的初学者相比，Kelley早已掌握了制作彩色糖霜的学问：她可不是直接将食用色素洒在糖霜表面，而是首先在糖霜中间挖一个洞，把色素倒在里面。搅拌几下后，糖霜的颜色就开始分出不同的层次，甚至还有些像《冰雪奇缘》里的场景。等到糖霜真的已经搅拌均匀的时候，整个桶都变成了美丽的淡蓝色，几分钟后，蛋糕就烤好了。

图4-6　糖霜

刚刚出炉的纸杯蛋糕闻起来甚至比吃起来还要诱人。我本来以为蛋糕会很难从烤盘上脱离，结果，蛋糕很轻松地被拿下了烤盘，并且烤盘上也很干净！这要归功于烤盘那摸上去感觉很油腻的表面吧。

　　刚从烤箱里拿出来的蛋糕因为温度太高，是不能直接装饰的，所以我们等到蛋糕凉下来才开始为它们抹糖霜。Kelley从厨房的抽屉里拿出一个刮刀，我们就用它刮一些糖霜往蛋糕上抹。一开始我没有掌握要领，把蓝色糖霜涂得一边多一边少，还总是弄到手上。后来，经过Kelley耐心的指导和四五个不尽人意的试验品，我也能涂得和她一样好了。一会儿12个纸杯蛋糕都变成了蓝色。

　　"干杯！"Kelley和我各拿一个蛋糕假装碰了碰杯，就开始享受劳动成果了。

图4-7　出炉的纸杯蛋糕

图4-8　做好的纸杯蛋糕

这柠檬味的蛋糕比我想象中的还要好吃，酸酸甜甜的，每咬一口都感觉有一股热气从蛋糕里喷出来。嘿嘿，不知道这美妙的感觉有没有劳动后的愉悦感所带来的成分呢？

愉快的一天就这样结束了，爸爸妈妈要是知道我的历史文化之旅如此虎头蛇尾，又会做何感想呢？不过，自己动手制作甜点也是对异国文化的一种体验呀！

7月18日
小熊工厂与家庭动物园

　　今天是Kelley和我在华盛顿特区逗留的最后一天，Kelley和Jeannette这对朋友不久又要暂别了。她们的举止和表情变得有些感伤，连我都能感受到空气中些微的压抑。

　　也许逛街与购物永远是女生"嗨皮"①的捷径——吃过早饭，Jeannette开车，我们三人再次去了Macy's。这一回，我们准备在梅西百货的电影院看一场电影。挑来挑去，我们最终选定了刚刚上映的《神偷奶爸2》。电影开场之前，我们还有几个小时，这一大把时间正好用来逛逛那些五花八门的小店。

　　就像前几次，我又去"支持"了一下Macy's的酸奶冰激凌店。在Jeannette家才待了三天多，我就已经三次"光顾"此店。我猜，如果我在Jeannette家再待上几天，这里的店员们一定都会认识我了。没想到，才两天没来，这家店的酸奶冰激凌已经又换了三个新口味。我尝试了一下樱桃和蔓

---

　　① "happy"的音译词，意为"开心"，这里的意思是"变得开心"。

越莓味的冰激凌，虽然这不是我最爱的口味，但是入口还是有很浓的水果味，赞！

我边走边吃，突然发现两个看起来只有三四岁的小女娃，她们自己还走不稳，却一起推着一个婴儿车，里面坐着一个玩具熊。这只玩具熊穿着公主裙，戴着闪闪发光的塑料王冠，看起来洋洋得意。哦！原来她们刚从前面的"Build A Bear"（小熊工厂）里出来。记得两年前我第一次在纽约旅游时，就是这可爱的小熊工厂让我爱不释手。在各种颜值和萌值爆棚的小熊衣饰的诱惑下，我也买下了一只浅咖啡色的小熊，还给它配了蓝色仿绸公主裙和一双银色的小鞋子。现在，我的这只公主熊正在大洋彼岸的某个箱子里沉睡吧……

我的购物欲一下子被激发起来了。Kelley和Jeannette还要去搜寻她们心爱的裙子，而我现在很想为我的小熊挑一套裙子。经过一番仅仅持续了半分钟的讨论，我们决定二十分钟后在Froyo店碰头。得到Kelley的准许后，我马上飞奔着去了"Build a Bear"。一进去，我就看到好几个孩子正在给自己的玩具熊挑选喜欢的皮毛。这里之所以有"小熊工厂"的美称，是因为顾客们可以完整地体验小熊制作流程，还可以按照自己的心意装扮个性小熊玩偶。

制作流程的第一步是选择外皮，这些玩偶的造型通常是熊，但也有猫、狗和马等，此外还有独角兽的造型。动物的"皮肤"也千奇百怪：平常在中国卖的泰迪熊大多是棕色和白色，比较像真熊的颜色，但小熊工厂里有蓝色、绿色、粉色这样完全存在于幻想世界里的毛色，甚至还有一只拥有七彩斑点皮毛的猫咪。

选定造型后，就要向这个"外皮"里填棉花。店员用两个大大的棉花机轮流给小顾客们选好的玩偶（一般都是小熊）塞上棉花。填满棉花后，最后一步是缝合玩偶毛皮上的开口。店员会让小孩子们选一颗心给小熊，据说这样它就有了生命。

赋予小熊生命之后，就要给小熊选一件衣服，好让它也踏入文明社会。在我看来，小熊工厂就是一家给玩具熊准备的衣服店！各式各样的迷你衣装挂满了好几面墙，最具美国特色的衬衫牛仔裤套装、迪士尼公主裙装、拉拉队裙装、晚礼服、燕尾服、球衣、民族服装、欧美校服……小熊泳衣都有5种以上，还配一条相同花色的毛巾。其中一套夏威夷草裙套装，上衣只是一件椰子壳比基尼，下身是黄色和绿色的细条组成的"裙子"，这简直可以和专业草裙舞演员媲美。小熊们的鞋子也多得数不胜数，球鞋、皮鞋、凉鞋等等都很常见，"贵族"熊小姐们还有机会穿真皮高跟鞋。当然，正如人类，小熊们的欲望不会就此止步：泰迪一族还有专门的项链、发卡、皇冠和头绳，这些饰品大多是闪闪发光的。至于包包，选择就多一些了——有书包、休闲包、高尔夫球包，还有不同颜色的LV包包。奢侈的熊类啊！

Kelley同意让我为小熊买一套衣服，不难想象，我犯了选择困难症。又经过了近十五分钟，我才决定要买一套表演服装。我给小熊买了一条粉色的蓬蓬裙，一件亮片白色背心和一双有白色亮片的鞋，这双和我前天在鞋店专柜看到的亮片鞋一模一样，只是尺寸有所改变。一切人类的服装，在这里都被按照小熊的身材比例（以及审美标准）完美还原，就连我都没有这么多种衣服和饰品。为我的小熊买下衣服后，不知怎么，我竟然感觉我也得到了一套同样的衣服，并为此感到莫名的开心！大概这就是小熊工厂存在的意义吧。

在我为小熊购物的同时，Kelley和Jeannette也买到了几条漂亮裙子，我们三个人都心满意足。又逛了几家店，就去楼上吃午餐。楼上是一个很大的美食中心，有世界各地的食物。面对这么多选择，我还是要了一份炸鸡和薯条。这样下去，我担心我会长胖很多……

下午一点左右，我们准时进入电影院看《神偷奶爸2》。这还是我在美国看过的第一场电影呢！

影片开始时，格鲁正在为他最小的养女艾格尼丝举办生日party。突然，一位名叫露西的女士来到他的别墅并且强行用高科技汽车将他拖进深海。当格鲁恢复意识后，她自称是世界反恶人联盟的特工，并强迫格鲁一起去捉拿一个恶棍。经过种种险境，恶棍终于被消灭了，格鲁和露西结了婚并过上了幸福的生活。这个结局似乎是我们一开始就可以预料到的啊！

由于没有字幕，电影的前半部分我几乎听不懂。在观众此起彼伏的笑声中，我脑中一片茫然，感觉有点尴尬。不过，电影开始几十分钟以后我就感觉好一些了。到了影片结束时，我就能完全听懂了。我真为自己的变化开心！

看完电影之后已经快三点了，于是我们匆匆回了一趟Jeannette的公寓收拾行李，临走时我们还带上了一瓶我和Kelley前几天做的limeade。Jeannette开车把我们送到Kelley的姑姑家。

从Jeannette所在的华盛顿特区到Kelley姑姑家所在的弗吉利亚州开车要两个小时，这两个小时我看到的风景各不相同，起初车窗外是华盛顿市区鳞次栉比的繁华景象，后来就是大团大团"寂寞"的草原和森林，最后接近目的地时我又看到了一片一片美丽的牧场，里面有牛马和羊羔，好一派田园风光！

Kelley在路上就告诉我，她的姑姑家养着许多动物，就像一个家庭动物园。

到达Kelley的姑姑家时，我最先看到好几只花猫在院子里游走。Kelley的姑姑家是一个占地面积很大的木屋，有一种质朴的感觉。Kelley和我下了车，走到门口敲了敲门，一个白发苍苍的戴眼镜的老太太出来迎接了我们。她就是Kelley的姑姑Terry，她看上去有70岁了。

简单彼此问候之后，Kelley就带Jeannette和我一起去后院跟她的表姐打招呼——她的表姐是一个40多岁的友善的女人，她正在喂自己最喜欢的一匹小马驹。不过这后院简直不是一个后院，而是一个农场：有五六头牛在吃草、嬉戏，马厩里还有两匹马。

Kelley的姑姑带我参观了她的家，并介绍我认识她的一大家子人。她的丈夫有着白花花的络腮胡子，带着眼镜，看起来真像个老航海家。而这位老先生确实喜欢航海，屋子里放着数不清的精美收藏品，都多多少少和航海有些联系。我一眼就看到了三个精美的老地球仪和一个装饰用的救生圈。她还有一个15岁的孙子，虽然比我大，但是由于在辈分上我要称呼Kelley"姐姐"，这个15岁的大男孩就要叫我"小姨"。哈哈。

这个家里确实有很多动物——有一只狗，叫Boo，它白色的皮毛上有黑色和棕色斑点；有三只猫，它们分别是Caterpillar、Butterfly和Blue。Blue是一只有着蓝色大眼睛的灰色公猫，它非常胖，据Kelley的姑姑说它有15千克；而Caterpillar和Butterfly是两只小母猫，它们都得名于自己身上的黑白花纹。还有三只金刚鹦鹉，一只是红黄蓝三色的大鹦鹉，一只是绿色中带有黄色、蓝色的小鹦鹉，还有一只白色的鹦鹉，叫

图5-1　小狗Boo

图5-2　小猫Caterpillar

图5-3　小猫Blue

Chico，它虽然有些掉毛，但是长得很漂亮。值得注意的是这里有一只小兔子，名叫Bun，直译的意思就是小圆面包。这只灰色小兔的外形确实长得像一个面包，圆滚滚的，一眼看上去就是个灰色绒球，上面还有两只细小的耳朵和两只像黑色水晶球一样的大眼睛。

这个家里还有一个大游泳池，是圆形的，里面漂浮着几个游泳圈和几根浮力棒。我带了泳衣，看来这回可以派上用场了。

图5-4　兔子Bun

图5-5　白鹦鹉

图5-6　Blue和拖鞋

Kelley的姑姑带我去看了我要住的房间，这里有一张小床，听说是原来Kelley表姐小的时候住的地方。里面还堆满了玩具，虽然有一点乱，但是很温馨。我开心地住进了这间很棒的客人房。

将行李安顿好之后，我跑出房门玩，看到Kelley和Jeannette正依依惜别，心中也添了一份伤感。由于Kelley在中国留学并定居，她们一年只能见一次，但这四五天很快就过去了。大约五点半的时候，Jeannette开着她的白色小轿车离开了。

Jeannette离开后一段时间，Kelley提出要和我一起去游泳。Kelley的泳衣是绿色的，让人感到很清爽。我看到游泳池里有一个蓝色的海豚游泳圈，就拿来套在身上。虽然水温不高，但是在美国东部夏季三十多摄氏度的环境下，泡在凉水中还是非常惬意的。Kelley还教我玩一个游戏——先将浮力棒用力按进水里，等到浮力棒中空位置灌满水，再用嘴向里吹气。过不了一秒种左右，水就从另一端喷出来，水柱很高，像真正的喷泉一样。

我在水里玩了一会儿，就上岸了。游泳池边有红色的木板，我就站在上面看着牛们在院子里吃草、玩耍。Kelley的表姐跟我说，这里有2头母牛，一头公牛，还有两只刚刚出生的小公牛，差不多有两个月大。其中一头小牛的毛皮是白色的，腿上带有黑色和深褐色的斑点，非常漂亮。

回到屋里，我先洗了个澡，稍微休息了一下，时间已经接近晚上七点，但是天色根本没有要暗下来的意思。我在房间里写了一会儿作业，然后又出来看看待在房子里的动物们，给它们拍几张照。Terry亲切地问我要不要吃晚餐，但是，看着动物们在院子里闲适的样子，吃晚餐好像也没有那么大的诱惑力了。站在走廊上，晚风开始有点儿凉意了，但还是暖暖的，时间的脚步都仿佛慢了下来。

晚上九点，我终于要睡觉了，动物们也要睡觉了。Terry为动物们的笼子铺上了被子，三只小猫睡在沙发上，Boo也听话地爬回了自己的窝。多么安宁的田园生活啊！

7月19日
深夜的长途旅行

　　今天早上八点左右，我被鸟儿们的叫声吵醒了。换上衣服走出门外，我看见那只巨大的金刚鹦鹉正在笼子外面用爪子抓着笼子跳舞。嗬，这是它的健身早操吗？Kelley和她的姑姑正坐在餐桌前吃cinnamon rolls[①]，看起来很诱人。呃，我的意思真的是"看起来"哦。

　　不过既然已经过了早饭点儿，我就索性不吃了。我踱到屋外，院子里也来了几只野猫。它们有点自来熟，见了人也不怕，反倒迈着小碎步，扭着身子慢吞吞地向屋子走过来。昨天看到的牛还是那样，它们很温和，也有点木木的。

　　不久，我就觉得只在院子里这样待着可真有点无聊，就回到室内去观察小动物们。名叫Butterfly的"喵星人"喜欢趴在沙发背上玩和休息，而另一只猫咪Blue喜欢躺在地上或者椅子下面。它特别胖，所以躺下的时候就像一

---

　　① 一种肉桂味的美国点心，介于蛋糕与面包之间。通常，这种点心上都沾着糖或淋着融化过的白色糖霜。

图6-1　Boo躺在沙发上

个正方形上长出了四只腿和一个猫头。狗狗Boo则喜欢和Kelley的姑姑一起玩，它可以和别人握手，而且还可以双脚站立。Kelley把小兔子Bun抱到桌上，我还拍了几张小兔子的照片。妈妈要是看到这么可爱的Bun，不知道会多开心。因为妈妈跟我讲过，她小时候也和阿姨养过几只小兔子，不过她们给小兔子吃得过饱，所以她们的宠物兔夭折了。唉，这真是一个遥远又悲伤的故事。

观察小动物这种"科学研究"好像也不能一直做，因为小动物们一点儿也不在乎它们多了我这个"粉丝"。于是，我问Kelley能不能看影碟。正好Kelley的姑姑有《神偷奶爸》的第一部，昨天我又看过它的续集，这下子我可以看看故事的起因，完整了解剧情了。

故事开始了。格鲁是一个卑鄙的富商，准备用高端的机器偷月亮。他为了得到敌人Victor的情报，收养了三个来自孤儿院的卖女童军饼干的小姑娘，利用她们来侦查。起初格鲁对三个小姑娘的态度很不好，但后来他渐渐对孩子们产生了感情。最后格鲁把月亮放回了太空，Victor被永远留在了月球上，三个小姑娘和格鲁从此快乐地生活在一起。电影播放完后，在彩蛋里还有电影中出现的5种女童军饼干的做法。这是在证明：论买碟的优点！

电影播完之后大约已经中午十二点了，Kelley提出要让我尝尝Grilled Cheese。Grilled Cheese直译就是烤奶酪，其实是一种奶酪三明治。几乎每一种奶酪都可以用来制作这种奶酪三明治。不过，我觉得最好吃的是用cheddar（车达）

奶酪做的三明治。Kelley从冰箱里拿出奶酪，它看起来像一块橙色的砖头。Kelley切下几片奶酪，放到两片全麦面包之间。然后，她拿出一小块黄油放到锅里热着。到黄油完全融化的时候，三明治就可以下锅了，等到奶酪差不多融化时，关掉火，把三明治沿对角线切成两片，或在中间切一刀就可以大快朵颐啦。看到我开心的样子，Kelley的姑姑又给我拿出橙汁和一包薯片。我把这包薯片都倒进盘子里，又为自己倒上一大杯橙汁。就这样，我吃了一顿美味的午餐。

吃完午餐后还有甜点：一块巧克力脆皮奶油冰激凌砖！用叉子戳开巧克力脆皮，巧克力很快就化了，冰激凌不软也不硬，正好可以用叉子叉起一大块来小口小口地吃。

时间过得好快，吃完甜点后已经三点了。Kelley的侄子在看电视，我也跟着看，就当作是听英语。他看的是一个娱乐节目，就和中国的综艺闯关节目差不多，但是我却听不懂。主持人和选手们飞快的对话中夹杂着一些我学过的单词，但是真正的美国人的语速，是目前我们所学的英语包括《新概念英语》和托福英语都不能比拟的。看了大约半个小时后，我就回到自己的屋子写作业。唉！学英语对我来说还真是有很长的路要走……

图6-2　Grilled Cheese

图6-3　冰激凌

晚上七点左右，我看着卧室外面的风景，云已经被阳光染成红色和橙色，在西边群山的位置大约还能看到阳光从西边射出来。

到了晚上八点半左右，Kelley的爸爸带着她继母开车到了这里。Kelley的爸爸Mike中等个子，淡褐色头发，戴着眼镜，看起来很和气、朴实。Kelley的继母Dawn穿着一条红裙子，有一头金色的卷发，看起来文质彬彬。

从弗吉利亚州到纽约州西部开车大约要七个小时，因为要花这么多时间在路上，我一开始并没有觉得要马上离开这里。但Kelley的爸爸对我说，我们将要立刻出发去Kelley的家。我计算了一下——大约凌晨3点半时我们才能到家。还好，我不用担心怎样度过这七个小时，因为富有长途旅行经验的Kelley早已准备好了我们需要的毯子、枕头和其他一些物品。我突然觉得对Kelley的姑姑以及她的动物们有些舍不得。但是，我最担心的还是Kelley的爸爸和继母，虽然他们一路上会轮流开车，但即使这样，驾驶员也是非常疲劳的呀。

上车以后，我看见车座上还有一条蓝绿色的毯子，原来这是细心的Kelley父母为我们的夜间之旅而提前准备好的。我和Kelley几乎同时跳上了车的后座，这时，我看到Boo和Kelley的姑姑正在昏黄的路灯下目送我们。车发动起来了，褐色小木屋越来越远，很快就逐渐消失在我们的视野中。

十几分钟后，Mike的车就已经载着我们奔驰在高速公路上了。夜色已经降临，从车窗里往外看，大片暮色也和我们一起疾驰。不过，如果人趴在车窗上仔细辨认的话，还是能从这些黑漆漆的色块里认出些许灌木丛，偶尔还能看到鸟儿在草丛中乱飞。我仔细地看着窗外蓝黑色的天空，也没有发现一丝污痕。我不知道是否经过了地理课本上所讲过的阿巴拉契亚山脉，即便并非如此，路旁的景色也一定和阿巴拉契亚山脉一样美。

不知是因为累坏了，还是窗外的墨绿色显得太单一，上车不久我就困了。我盖上了蓝绿色的毯子，不知道自己睡了多久，只知道醒来的时候大约三点了，车窗外已经能够看到一点光亮。Kelley说，离家不远了。

大约十五分钟后，我们就到了Kelley的家。在灯光下看，这是木头做成的白色两层房屋，又简洁又漂亮，像是一个小别墅。我用手电筒照照周围，四周都是田野，周边几乎没有其他的房子。Kelley说这一大片土地都是她们家的院子，里面有很多苹果树和数不尽的莓子，现在又值仲夏，这些野莓应该也成熟了。

天正下着雨，我费力地提着我的行李箱走进屋里。进了家门后看到了两条大狗——Ginger和Charlotte——它们被关在笼子里，笼子上盖着有彩色花纹的布。也对，现在是狗狗们睡觉的时间。

Kelley的客厅里有一架棕色的老式钢琴，看起来很有复古的味道。钢琴的左边是一个小小的楼梯，我拖着行李上去，走到了一个大一些的卧室门前。我和Kelley住在二楼的同一间卧室里——它曾经是Kelley和她姐姐的卧室。进了屋子，里面有两张书桌、两张可爱的小床和很多贴在床上的海报和剪报，应该是Kelley和姐姐喜欢的明星的杂志照片和各种活动的通知。我床头贴着一张关于一种红色鸟类的剪报，据说这种鸟类是"愤怒的小鸟"中红色小鸟的原型。我睡的床上铺着宝蓝色带深色条纹的褥子，看起来很漂亮。床边有一个简易的小灯，想用的时候打开即可。我们稍作整理，换上睡衣就睡觉了。现在是凌晨三点十分，我一定会睡到十一点才能起得来吧……不过，一想到暑假本来就是开开心心玩耍的时间，我贪睡的罪恶感就消失得无影无踪了。醒来后看到的Kelley家一定会很美！

7月20日
印第安土著表演

　　今天我睁开眼睛的时候，时针已经指在十和十一之间了！！！看来我已经远远地错过了早饭时间。不过，谁能保证三点睡觉还能七点起床呢？我睡眼蒙眬地从行李箱里拿出了牙刷和牙膏（凌晨入睡时，实在是太累了，我都没有打开行李箱），在洗手间内简单洗漱后，就赶快下楼了。

　　Kelley早就在楼下客厅等着我，两条大狗也在笼子里安安静静地呆着。不过它们见到我，突然变得很兴奋，好像要马上挣脱笼子向我扑过来一样。因为记忆里有被一条大狗追赶的恐怖经历，我一向就有点儿怕狗，何况它们体型又这么大。Kelley一边跟我解释它们的兴奋其实是一种欢迎，一边告诉我，它们是一对双胞胎。Ginger有白色棕色相间的长毛，而她的孪生姐姐Charlotte则有一身黑白相间的长毛，都十分漂亮。原来是两个爱美的女生！

　　Kelley有一个姐姐Mary，两个弟弟Mike和Ryan。餐厅的墙上挂着四张大尺寸照片，分别是姐弟四人童年的个人照。在照片中，Mary扎着两个小辫子，坐在车的顶部；两个男孩则穿着不同的小毛衣。小Kelley有一头金棕色的短鬈发，手里还拿着一个吃了一半的水果，真可爱！Kelley小时候是家族里公认的最可爱的女孩，看了照片，我认为这样的评价是非常客观的。

和Kelley以及两条热情的大狗说过早安之后，我走到院子里去看地道的美国乡村美景。今天的天气特别棒，炽烈的阳光照亮了蓝得完美无瑕的天空，也把远处的一簇簇鲜绿推进了我的眼里。站在美国的乡间小路上，我感觉每一个生命都正在仲夏恣意绽放。

凌晨到达Kelley家时我就发现，Kelley 家的院子外就是田野。所以，Kelley家和邻居家相隔很远，没有我们所说的院子分隔，因为家家户户根本就没有什么围墙或篱笆。在这里，土地实在是太多了，所以不必也不会去把更多的土地据为己有。

距Kelley 家大门不远处就是一棵粗壮的苹果树。这是一棵老树，它的枝叶十分繁茂，郁郁葱葱。我踮着脚，极力想让自己的目光穿过树丛，好仔细欣赏枝头上的青苹果。那些苹果青里透一点红，马上就要成熟了。夏天为美国的乡村带来的不仅是童话般的美景，还有让我期盼已久的味觉盛宴——结了不少苹果的大苹果树和绿中带着点点红色的灌木丛。它们仿佛都在提醒我，也许用不了初秋，这里就会变成一个丰收的果园。我站在草坪上，时时都能闻到淡淡的野莓香，看到在一片苹果林中若隐若现的小房子，不得不感叹这令人神往的自然风景。

Kelley的爸爸Mike把他的车停放在大树下，车顶上不知道从什么时候起，趴上了一只小灰猫。从大苹果树前面往远处极目远眺，我所能看到的只有一条东西走向的路，路的尽头是一幢孤零零的白色别墅，仿佛已经嵌进了它背后的绿色背景之中。

我向远处走了走，路旁是青草地，草地上到处是已经开放的雏菊，它们有白色的花瓣和金黄色的花蕊，星星点点地散在草地上，再配上头顶像湖水一样澄澈的天空，这是多么美的一幅田园画啊！

这时，Kelley的大弟弟Mike把家里的两只大狗放了出来，带着它们在草地上奔跑、玩耍。他是一个很帅很阳光的大男孩。"Mike不是你爸爸的名字吗？怎么弟弟也叫这个名字？"我不禁问Kelley。原来，很多欧美人为儿女命名时喜欢采用自己或祖先的名字的一部分，让家族里的好名字一直传承下去。

十一点半的时候，Kelley提议吃点东西。正好，我在院子里玩了一会，肚子也有点饿了。Kelley从柜子里拿出了两罐"noodle soup"①，我猜性质应该和方便面差不多，只不过这方便面可不像中国的袋装面，而是一种罐头食品，不需要用开水烫，只要放在微波炉里热一分钟就可以吃了。我选了鸡肉芹菜味的面条汤，Kelley则吃掉了另一罐胡萝卜口味的面条汤。这"方便面"和我想象中的差别很大：noodle soup的关键词在"汤"，看起来就像是有几块鸡肉、一些短意面和几块芹菜的一碗浓汤。本来我希望能够吃掉这一整碗汤，结果最后只吃掉了鸡肉和面条。

她又打开冰箱，找出了好几种果汁，问我想喝点什么。冰箱里有普通的苹果汁、柠檬水，还有薄荷味的樱桃西瓜混合汁，真是脑洞大开！我大胆尝试了一下这种怪怪的果汁，味道竟然不错。

---

① 一种罐装食品，直译为"面条汤"，一般是一罐有蔬菜、肉和短意面的浓汤。

吃完这顿简易的午餐，我们休息了一会儿，就到外面去采摘莓子。我和Kelley人手一个小桶和几个食品袋，向Kelley家旁边的灌木丛出发了！

走到灌木丛附近，我马上发现了一种黄绿色的藤蔓。那上面结着一种我从来没有见过的莓子，也许我连它的名字也没有听说过。这是一种黑色的、小小的莓子，差不多只有小拇指的指甲盖那么大。它的果实像是一个个小黑珠攒成的，托着它的花萼是六角形的。我轻轻摘下一颗，尝了尝，是甜的，几乎没有酸味。Kelley说这种莓子叫做黑莓。我感到非常吃惊，因为我一直认为黑莓是一种长约两三厘米的水果，攒成它的小黑珠也比这种水果的大得多。而我眼前的莓子却只有一厘米左右。

我们摘了一些后，Kelley就提议不要摘了，据说留一些果子是为了让植株来年长得更好一些，因为它们可以提供有机物。我们又走上小山坡，小山坡后面长着更多的莓子，遍地生长着齐腰的草。在这里能看到另一个山头，距离这里大约要三百米远才有另一幢房子。我们走近那些野莓，Kelley指着一种青里微微带着红色的莓子，说这就是我们说的黑莓了。

图7-1　野莓子

由于莓子都没有熟透，我们决定过几天再来摘。我们把摘回来的黑莓放在盆里洗好，再放进冰箱冷冻。

下午四点半左右，Kelley的爸爸和继母一起回到家里，并带来一个惊喜：他们准备带上我和Kelley去看印第安土著居民的舞蹈比赛和表演！这么棒的机会，我怎么可以错过呢？看来今天可以好好感受一下异族风情啦！

我们在大约5点时离开家去看舞蹈表演，而表演地点距离Kelley家大约有一个半小时车程，到达目的地的时候，西面的天空已经开始微微泛红了。值得一提的是，这儿并没有严格意义上的"停车场"的概念，有的只是一块写着"停车区"的临时提示牌和一块巨大的空地。下了车，我已经无法掩饰兴奋之情了！（当然，晚餐时间的到来也让我非常开心！）

停车区距离表演区有一段不短的距离，Mike和Dawn在前面带路，我和Kelley一边走一边聊关于土著印第安人的话题。

我们走向表演区域的时候，首先映入眼帘的不是关于舞蹈比赛标语，而是数不尽的小吃摊和纪念品摊！正当我被热狗和薯条吸引住时，有几个身着盛装的表演者从我们身边走过，我一下子就被吸引住了。这些表演者身上穿的应该就是传统的印第安土著盛装了。每个人身上都有至少十几种颜色，还有无数小塑料彩珠制成的腰带和配饰。男人头上带着羽毛，脸上画着红黑色花纹；有些女人头上戴着巨大的彩饰，穿着华丽的裙子——她们的裙子好像是用一块大花布做成的，身上还披着一块与裙子花色相同的绸布。在我看来，这才是真正的"最炫民族风"。

走了一会儿，我们都饿了，Kelley就带我去旁边的小店买晚餐。每家小店铺的做法都很不同，但是总的来说就是三大类：卷卷薯条①、玉米热狗和烤牛肉。我花四美元买了一盘卷卷薯条想尝个鲜，没想到店主竟然给了一大盘薯条，他给了我一个有肩膀那么宽的纸盘，纸盘上放了一大堆薯条——嗯，确实是一大

---

① 即形状卷曲的长薯条，与普通快餐店里的薯条没有本质区别。

图7-2　热狗

"堆"——薯条摞得像金字塔般，金灿灿的。我和Kelley两人吃一份，都花掉了近半个小时，这份量仅次于华盛顿特区的Five Guys。

这里吃薯条的习惯和中国有些不同：平时吃薯条时的蘸酱通常是番茄酱，而这位店主却给我们一小杯醋，让我体验一下。Kelley蘸着醋吃得津津有味，但是我却感到很不适应。不过，既然我来到了美国，这个习惯也许需要改改吧？

吃完晚餐后，比赛还是没有正式开始，我们就去了附近的小纪念品店。小纪念品店里也有许多用彩珠做成的小鞋、头绳和手链。我又匆匆逛了几家陶器店，一个个复古的陶罐上画着精美的印第安风格花

图7-3　印第安土特产陶罐

纹，还有各种饰品，例如巨大的火鸡尾羽和弓箭。

我还与一个身着粉色印第安服饰的年轻女孩合了影，她身上披着有五彩花边的绸子，及腿的辫子上还系着彩珠，看来印第安人真的很青睐这种直径还不到2毫米的小彩珠饰品！

　　我们在小纪念品摊转了好几圈后，正式的比赛才开始。这次来看舞蹈比赛和表演的还有不少人咧！我们走上观众席后，随便找了个位置坐了下来。不得不说，印第安舞者们的衣服很华丽，观众席相比较而言就有些简陋了：所谓观众席是一排一排的铁制长凳，并没有座位之分。整个"剧场"明明就是一个小一些的露天体育场嘛！

　　首先，我看到有一个人在"舞台"中间，拿着话筒，用带印第安口音的英语高喊些什么。所谓"舞台"，其实也不过是一个简易露天体育场的中心。他那带有浓重口音的英语我大部分都听不懂，但是我大概明白这是在宣布开场。所有身穿印第安盛装的人们都走上了舞台，踏着印第安踏步舞步。

　　接下来，就是正式的表演了。首先上场的是女性演员，只有寥寥几个，在舞台上围出六边形，并做着简单的踏步。后来，舞台上出现了更多的女演员——她们的舞步变成旋转和跳跃，使整个剧场很有篝火晚会的感觉。巨大的彩色裙摆和华丽的舞姿，简直可以和墨西哥人的蟑螂舞蹈[①]相比。

　　接下来上场的是男性舞者们。他们有的裸露上身，头上戴着羽饰，好像在显示着自己健壮

图7-4　跳舞的印第安姑娘

---

　　① 来自西班牙的一种经典舞蹈，舞女穿有巨大裙摆的鲜艳长裙，舞蹈时挥舞裙摆是该舞蹈最大的特点。

的身材；还有的身披白袍，俨然一副酋长的姿态。令人惊奇的是，男人的舞姿竟然比女人的还要丰富多样；他们在空中踢腿、跨步、旋转，像是一些五彩的光点在地上飞旋。他们手举身上披着的绸子，向观众们挥舞着，仿佛要尽力释放他们的热情。

图7-5　跳舞的印第安人

接下来就是所有选手一起表演的时刻了。男人女人围成一个巨大的圆圈，踏着音乐的鼓点，唱着歌、踏着步，洋溢着欢乐的气氛。最后，一些观众加入了他们，其中还有蹒跚学步的孩童。在充满节奏感的音乐声中，所有人沉浸在欢乐里。这里的夕阳也是那么美，松树都像是在欢乐地摇摆，随着夕阳的红光留下一道剪影。最后谁赢了呢？我没有听到，也不需要知道。因为，在我心目中，每个舞蹈表演都有独特的风格，每个演员都为我充分地展现了印第安式的热情。

晚上九点半左右，我们必须离开这里了。虽然已经很晚了，但我总还想多待一会，再多看几个节目。我想，今天的表演不仅仅是让我认识了多姿多彩的土著印第安文化，更让我深入地感受了美国的文化——大家一同参与，一同快乐。如果观众不能亲自下场体验，至少他们的心灵也感受到了表演的快乐，也许这就是表演的本质吧。

7月21日
文艺复兴乐园的一天

我今天早晨起床的时候，时针已经指向八点了。这也难怪，昨天晚上我们玩得太尽兴了，以至于晚上十点半才回到家。不过，Kelley倒是起得很早，她的床铺都已经收拾得干干净净了。我真是应该向这位大姐姐学习有条理的生活方式！

等我洗漱完毕、下楼，Kelley早已经为我做好了早餐——烤面包和"煎太阳蛋"。配上昨天我们开封但没喝完的大盒果汁，真是简易又美好的美式早餐。煎蛋的蛋黄似乎还在流动，看起来只有一面是煎熟的。我的叉子刚刚碰到蛋黄，它就破散开来，变成了金黄色的蛋汤。我把蛋汤抹在烤面包上，然后把鸡蛋夹在里面吃。

我吃得津津有味，不过我的家人肯定会难以接受这种淌着蛋液的鸡蛋黄吧。例如，我的妈妈就喜欢把蛋黄煎熟了吃，这和半熟煎蛋的口感非常不同。全熟的煎蛋在美国没那么流行，更多的美国人喜欢的是半熟的煎太阳蛋。还好，我对此适应得非常不错。

早餐后，新的一天正式开始啦！

今天，Kelley的计划是开车三小时带我去她姐姐Mary住的小镇，然后姐妹俩领我去当地一个关于文艺复兴主题的乐园。根据Kelley的介绍，那里有各种表演、游戏，还出售文艺复兴时期风格的衣物和装饰品。听上去，那个乐园既有厚重的历史文化内容，又有丰富有趣的游戏和娱乐项目，今天又必将是忙碌快乐的一天！我们带上了大量的冰水，跳上车，出发喽！

图8-1 玉米地

当Kelley驾车驶出她的家时，我感觉车前方有一幅色彩层次丰富的画涌过来，又退下去，像潮水那样不止不息。我们经过的首先是大片大片的玉米地，翠绿肥厚的玉米叶中间有几个还未长大的的玉米。一望无际的玉米地中开辟出一条小路，人少得出奇，路上每隔几分钟才能看到一辆相向行驶的车。

我们在这条小路上走了近二十分钟，风景才渐渐由乡村风格转为城镇风格——周围的小店小铺多了起来，小小的别墅群也多了起来。有些别墅使用了低调的大地色系外墙或暗红色砖墙，也有不少别墅拥有色彩明快的外墙，浅红色、橙黄色、蓝色此起彼伏。令我惊讶的是，这些用色大胆的别墅不是幼儿园，而是一些喜欢彰显个性的美国人的家！Kelley告诉我，美国人的房子可以随意漆刷，甚至可以在原地拆掉再盖新房。换句话说，如果房主买下了某块地，就可以不受限制地随意给房子"换装"，所以才有了这样的"彩虹色小镇"。

Kelley打开了车里的音乐广播，我们一边听音乐一边聊，不知不觉中已经过了一个小时。除了当下最火的流行歌曲，Kelley还对曲调跌宕起伏的歌曲情有独钟。

当车子走到高速公路收费站的时候，突然多了许多车，在收费口前排成了一条长龙。我不免有些疑惑——这些小镇平时路上不见车影，难道今天太阳从西边出来了？不过，听说今天有一场球赛后，我和Kelley就恍然大悟了。要知道，不少狂热的球迷可以为了心爱的球队，不惜长途跋涉十几个小时去其他州看一场比赛！

显然，我们不太可能在原计划时间和Mary及时碰面了，Kelley不免有些着急。还好，经过收费口后，车队又开始流动了，Kelley加大了马力，一路疾驰，但我们还是晚了半小时左右。

时间已接近下午一点了，Mary带我们先去吃饭。我们来到了一家很小但很精致的餐馆。这家餐馆墙壁和地板铺着原木，给人的感觉就像一个森林里的小木屋。我点了一份火腿奶酪三明治，Kelley点了一个素汉堡，Mary点了一份墨西哥玉米脆饼，我们又一起点了一份薯条。这里大部分餐馆的菜单上都有"V"（vegetarian，意为素食者）和gluten-free（即无麦麸质）的字样，甚至有些还标注了有无花生、大豆等成分，Kelley这样的素食者和食物过敏的患者也可以放心地就餐了。

在等待服务员上菜期间，Mary去餐厅的"游戏角"拿来一个游戏盒。这是美国的一种拼字游戏，在一盒写着字幕的木块中将限定数目的木块挑出来，然后玩家思考这些字母可以拼成的单词，拼出的单词有几个字母就得几分。Kelley和Mary每次都能得很高的分数，然而我的分数都有些"惨不忍睹"。唉！学习英语真是任重而道远……

玩了不多久，饭菜就上桌了。在大快朵颐之前，我仔细地看了看Kelley点的素

汉堡——两片面包内夹的是奶酪、生菜和一个"肉饼"。再仔细看看，我才发现那其实是由胡萝卜、蘑菇和洋葱小块压成的。经过Mary的允许，我还尝了尝玉米脆饼，它不仅看起来像薯片，尝起来也像是薯片！我壮着胆子蘸了一点salsa①酱，有点辣味、甜味和酸味，味道不错。

图8-2 素汉堡

吃完中午饭，我们坐上Mary的车向文艺复兴乐园出发啦！在这一个小时的车程中，我迷迷糊糊地睡着了，还是Kelley把我叫醒的。

下车的时候，脚下都是青草和土地。这停车场的样子和昨天土著舞蹈表演的停车场还真有点像，看来，这样与自然融为一体的停车场还是一种美国乡村里特有的风格呢！站在停车场中央，虽然乐园的轮廓有些模糊，但是那里传出的叫喊和歌声都像风儿一样飘过来，让我不用靠近也能听得一清二楚。

乐园入口的大树上挂着一块巨大的木板，板上用花体字漆着"Renaissance Fair"（文艺复兴乐园）。

踏进乐园的大门，好比是站在了时空门的一端，感受着大门两边截然不同的画风所带来的冲击力：乐园外是美国乡村常见的青草地，乐园里却是15世纪的意大利小镇。人们脚下没有人工铺出的小路，只有天然的泥土；几十棵参天的古树长着墨绿色的华盖，把整个乐园遮了个严实，分明是在给这儿增添"与世隔绝"的氛围嘛！眼前这个场景，真有点世外桃源的意思。我的惊奇感受，大概跟我刚

① 一种暗红色辣味酱，外表有些像番茄酱，在墨西哥料理中经常见到，常用来配玉米片食用。

刚学过的《桃花源记》里主人公的感
受有些类似。

对我来说，文艺复兴乐园的亮
点远远不止是它独特的外部环境，这
里打扮奇特的工作人员也让我开了眼
界。在国内的其他游乐园里，工作人
员的身份很容易识别，因为他们一

图8-3　文艺复兴乐园入口

般都身着同一种制服。但是在这个乐园里，每个工作人员都穿着不同的"演出
服"，扮演着不同的角色：农场的佣人、小铺店主、修女、骑士等等，此外还有
教皇和宫廷人士。我站在原地仔细地环视一周，都没有发现两个穿着相似的人。

除了工作人员比较热衷于"表演"，不少本地人也是中世纪文明的忠实粉
丝。Mary说，他们非常入戏，游园时总是选择穿着自己钟爱的中世纪服装。我初
来乍到，一开始完全是"雾里看花"，分不清游客和工作人员。在Kelley的帮助
下，我才认识到，这群"中世纪人民"中，占大多数的竟是游客！

自从我得知了这个"秘密"，我就把识别游客与工作人员当作了一种训练观
察力的游戏。随着时间慢慢过去，我的分辨能力提高了不少。

我慢慢发现，工作人员的身份还是很好识别的——他们都有任务在身。大部
分在不同的商铺中"守摊"；一些在从事"手艺活"，例如制作小工艺品，或者
为顾客编辫子；还有少数负责在乐园里兜售新鲜果蔬和点心。他们推着的木质小
车还有点中国街头巷尾煎饼果子摊儿的感觉呢！

还有一些工作人员，在真正意义上扮演了中世纪人民。没错，他们就是"游

荡"在各个街角的戏剧演员。这里到处都是"露天剧场",只要有几排木凳子,任何一个街角的空地都可以上演迷你话剧。只要在附近听到一些男女大声地谈话,就基本可以确定一场话剧马上就要开始了。

怎样分辨游客呢?这也好办:比起工作人员,他们可以闲庭信步,到处逛逛,看起来就悠闲不少了。在路上结伴而行的,或是在服装店里挑选中世纪服饰的,一定就是游客了。总结出这些规律,就可以很容易地辨别游客和工作人员啦!

文艺复兴乐园里的中世纪服装种类太丰富了,不得不令人感叹这儿是个活脱脱的博物馆。男人穿着奇特的肥裤子和及膝袜,上身大多是衬衣或有泡泡袖的衣服,金色、红色、墨绿、普兰色交织的花纹让他们增添了些远古时期的国王和爵士的风范。也有人选择文艺范的绅士服装,设计古典的白衬衣有最复杂精细的领子,深色西装也剪裁得体。就算是伪装成将军和骑士,甚至猎户,男人们都要戴上真正的金属盔甲,配上漂亮的猎枪。

女人的服饰搭配种类更多一些:有皇室一族钟爱的蜂腰裙,大多是富贵的深红色、墨绿色或绛紫;有清纯的小格子及地长裙配同色系围裙和长袖上衣,这套装束给人一种邻家少女或少妇的感觉;老妇人的衣服颜色就要更深一些。

扮演中世纪成年女性角色时,无论处于什么社会等级,手套和帽子几乎不可少。贵族女性都梳着复杂的发型,佩戴有蕾丝、薄纱和珠宝装饰的华丽小礼帽。社会底层妇女角色戴的则是"睡帽"——这在文学作品中频频露面的睡帽已经基本成为了中世纪社会下层的一个象征。至于年轻的邻家女孩,她们大多梳两个麻花辫,辫尾扎丝带。我还看到了一个四五岁的小姑娘,她披着一头金色大波浪卷发,穿着纯白的长袖裙子,头上还带着白色大花和绿枝叶的花环,真像个希腊神话中的小天使!

当然,来到文艺复兴乐园的最主要目的不是学习中世纪服装设计,而是真正体验中世纪文化!走着走着,我看到了一个半敞开式的小木屋,上面挂着一个牌子,写着"braiding"(编辫子)。一个年轻的女孩在门口欢迎前来的客人。小木屋的正中间坐着三个客人,她们头上都编着漂亮的辫子,有个小姑娘的头上还系着丝带,撒着亮粉。这一定是Kelley之前就说过的辫子屋!听说在这里编辫子的姐姐们个个手艺高超,我也准备花20美元尝试一下新发型!

在我们排队等待时,年轻的女服务生递来了辫子款式菜单。菜单上有二三十种辫子,每一个都很漂亮唯美。通常技术含量越高,辫子总数也越多,价格也越高。不过,其中几个还真是让我感觉眼花缭乱:花35美元,可以把头发扎成花式鱼骨辫盘发;花42美元,可以尝试20个大大小小辫子混合的"希腊女神发型";花30美元,还可以把自己和闺蜜的头发编在一起!

我选了一个四股辫的造型,等了几分钟,就有一个年轻漂亮的女孩来为我扎头发。她没有急着开始编发,而是用手"测量"了一下我的头发长度。"Perfect(完美)!"她自言自语。"太棒啦,我的头发长度正合适!"我暗暗开心。

终于要开始编发啦!这位编发女孩先拿着一小缕头发编了一根极细的辫子,然后不断地向里面添加头发。我感觉,我的辫子正在慢慢地绕着头的轮廓,形成一个圆形。逐渐地,所有的头发都被神奇般地编在了一个辫子里!最后,她把我的头发盘起来,并在上面系了一段淡蓝色的丝带。整个过程中,我的头发一点也没有被扯痛。好厉害啊!

"看看吧!"为我服务的编发女孩递给我一面圆镜子。"哇!"我不禁发出

图8-4 辫发

了惊叹：最后的成果比我想象中的还要精致！辫子的造型很稳固，从左边的一根细辫子逐渐合并成一个"大花苞"，简直像魔术一样！我和Kelley姐妹都对这个发型十二分满意！

我从编辫子工坊出来后，Kelley为我买了块温热的巧克力曲奇饼——它真的像烧饼一样大！我们边走边吃，不久就看到了不少露天中世纪服装店。这下子我算是找到了乐园里所有中世纪服饰的源头了。我注意到，Mary的裙子就是在这里买到的，而她穿了一件白色印花T恤来搭配，照样很不错。看来中世纪的有些衣服也能很好地运用到现实生活中！

服装店里每件衣服都要至少80美金，但是物有所值。虽然我没买，但是我还是试穿了长裙和泡泡袖衬衣，过了把瘾。

换上自己的衣服，我们又向南走，看到一个卖水果的小摊，摊上有许多柠檬。我感到很奇怪，柠檬很酸，没有多少人会爱吃，为什么这里会卖柠檬呢？我正发呆，摊主亲切地问我要不要吃"peppermint lemon"①。Kelley也建议我买一个。

我很犹豫，因为我从没想象过薄荷糖和柠檬汁的组合。不过，为什么不试试呢？为了尝尝鲜，我买了一个。摊主把柠檬的一端削掉，钻了个孔，然后插进一

---

① 一种美国小吃：将一个柠檬挖掉一端凸起，形成一个洞口，再在洞口放入一根薄荷糖而制成的，味道有点像加了薄荷香精的柠檬水。

图8-5　薄荷糖柠檬

图8-6　簪子

根薄荷糖，告诉我要挤着吃。我试了下，柠檬汁和薄荷糖混合成粉红色的液体，流进嘴里，又酸又甜，真的很好吃。不过这种汁水要是弄到衣服上恐怕就很难洗掉了吧？

　　走着走着，我们慢慢从乐园热闹的一边走到较寂静的一边。这里虽然人不多，但是小店的数量并没有减少。其实，这些小店家家有独特的风情。我被一家簪子店吸引了目光：簪子店里的簪子都插在一个装满了白色沙子的碗里，簪子的一端是漂亮的玉石或彩色玻璃，常见的有宝蓝色的、翠绿色的、白色的、橙红色和褐色的，很有古典风味。有些簪子的顶部有穗子，那些穗子大多是用细小的珠子做成的。还有一种簪子，顶部融合了动物形象，简直是与中国的十二生肖不谋而合。这些簪子底部是木头做的，像筷子。我也试着用它们盘头，可惜每次总以失败告终。不过即使是这样，我还是非常想买几根簪子回去，哪怕不用来盘头，只是当作一双筷子也好啊！

　　又走过了几个纪念品店，我们来到一个跑马场，看这里即将开始的一场赛马表演。与普通的赛马不同的是，这些人都穿着文艺复兴时期的衣服，有很多人还穿着盔甲，举着盾牌，拿着真正的剑，向对方的人冲过去。当然不会真的刺向对方的要害啦，因为他们都只是演员，但是这场"比赛"至少让我看到了中世纪时期的残酷斗争。

图8-7　斗马比赛

比起观看"血腥"的战斗，我更喜欢看骑着骏马的女孩子——她们披着漂亮的披风，上衣和下衣是一整套衣服，一般是浅色的，再扎着爽利的亚麻色马尾辫。多么帅气又可爱的姑娘啊！

玩了很久，闭园时间马上就要到了，演员们穿着礼服在乐园入口跳起舞，欢送游客，我都有点儿恋恋不舍了。文艺复兴的一天真是比想象中的还要充实，或许是因为这种体验带给我的是一种对中世纪的特殊印象和情感，虽然少了些历史带来的庄严感，但是视觉上的享受多了许多。

由于这里离Kelley家太远，我们就临时决定在Mary家住一夜。

Mary的家简约大方，一看就让人觉得很舒服。她还养了两只孪生"喵星人"：两只可爱的灰色猫咪，它们的眼睛大得像玻璃弹球，却比弹球显得更透亮。它们经常一起趴在窗户边看着窗外，似乎有什么心事。

做晚饭时，我们煮了一些意大利面。意大利面可是耐煮的面，煮了15分钟，面条才好像稍微变软了一些。虽然我饿得急不可耐，但是一切等待都是值得的；

我吃了一份"滴酱不沾"的意大利面，麦子的香味可真浓。最后，Mary还拿出冰激凌招待我们。Kelley自制了一款"floating"①，用勺子挖出一个香草味冰激凌球放进玻璃杯里，然后浇上可乐，冰激凌就浮起来了。我和Mary吃的则是橙子味外皮、牛奶味内芯的冰棒，奶香十足，好吃！

吃完晚饭不久，我上了楼，来到Mary的客房，也是我的房间——这是一个非常漂亮的房间，地中海风格的墙面和带窗帘的床让我感到心旷神怡。不过当我打开房门的时候，孪生"喵"兄弟中的一只突然跑进了我的房间，Mary花了很大力气才将它抱出来。累了一天，我洗漱了一下，就上床睡觉了。

---

① 一种冰激凌饮料。

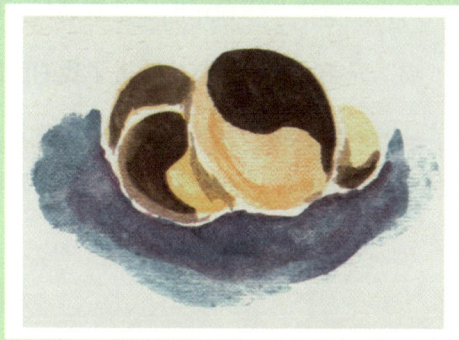

7月22日
美味的双色阴阳曲奇

今天醒来的时候已经快八点了——哎呀，怎么天天都这么晚起床呀！不过，比起前几天，今天我还算是"起了个大早"呢。

我走下楼，Kelley又是一如既往地等我。今天是周一，这时Mary已经去工作了，所以家里只有Kelley、我和两只双胞胎小猫。我们吃了几块从冰箱里拿出来的西瓜，就要回Kelley家了。临走时，双胞胎小猫一起趴在窗户上向外看。它们的大眼睛像两对精致的水晶球，似乎包含了整个世界。

Kelley大约开了半小时车，就到了一个加油站。她带我下车，说要买一点早餐，顺便给车加油。于是我在加油站旁的小店买了一盒巧克力饼干和一盒草莓味酸奶。打开包装，我小吃了一惊：别看是一盒酸奶，草莓酱和酸奶却是分开放的，草莓酱单独放在一边的小格里。我尝了尝草莓酱。它甜得厉害，简直一点儿草莓的酸味都没有了。我又用勺子刮了一点原味的酸奶，小心尝试了一下。果然，像尝过这种美式酸奶的朋友们所说的那样，太酸，怪不得很多美国人都说他们不爱吃酸奶。虽然以前也有所耳闻，但现在我才真正体会到，中国市面上的"酸奶"大多数加入了大量的糖，味道才酸甜可口。

在我们吃这顿简易早点的时候，Kelley让她的车也喝了个饱。我们又回到车上，继续往前走。我不想总是坐在车上发呆，就利用这段时间通过ipad里的软件查找了一下制作曲奇饼的配方，这样下午做点心的时候，我们就不需要再另外花时间了。在几十种曲奇食谱中，我仔细地翻了又翻，终于找到了一款心仪已久的饼干——这是一款巧克力和香草味的双色双味饼干，一半一半的阴阳图案让人觉得很奇特，制作起来又有趣又简单。自从我来到美国，仿佛就没有停下过尝试美国本地的美食和点心。要不要这么贪吃呢？

接下来的两小时中，我们一次又一次穿过了好几片的玉米地，Kelley的汽车广播也不断地播放billboard①上的流行曲目。伴随着这些节奏欢快的歌曲，她的小车也在一个又一个小土丘中上下"翻飞"，虽然有些颠簸，但是我们都挺享受这种节奏。和Kelley一起生活了一个星期，我越来越理解和欣赏美国地道年轻女孩的生活方式了。

大约到中午十一点半时，熟悉的小镇才出现在我们眼中。我们都有点饿了，所以Kelley就带我去了附近的快餐店。

提起快餐店，就不得不说，在美国"快餐≠肯德基、麦当劳"。Subway、Wendy's、Foosackly's和我之前提到过的Five Guys，仅仅是几个我现在能叫得上

---

① 美国比较权威的音乐评价网站。

名字的著名连锁快餐店。实际上，肯德基和麦当劳在美国人心目中的地位有时远远没有上述几个快餐店高！各家连锁快餐店也各有各的主打菜式，比如，Arby's的主打是肉类汉堡包。不过，Kelley这样的素食主义者也能在Arby's填饱肚子，因为这里的蔬菜汉堡包和卷卷薯条非常好吃。

在这儿，点餐也是极其方便——Kelley将车开到小店后面专设的点餐窗口，摇下车窗说："来一份大号的卷卷薯条，一份蔬菜堡，最后来一杯橙汁。"大约2分钟之后，Kelley再将车开到取餐口，就有服务员将快餐递过来，总共才花了不到8美元。Arby's的薯条上撒了一些红褐色的细粉末，看起来像辣椒粉，但其实一点也不辣，更像是芝士蒜蓉的味道。卷卷薯条又浓又香，咬一口，满满的热气扑面而来，薯条吃到嘴里绵绵的，简直就像在大冬天里吃热热的烤栗子。边吃薯条边喝一杯加了大量冰块儿的橙汁，真是舒服啊。

下午，Kelley的弟弟Mike带着两只大狗到院子里玩，我和Kelley则开始做饼干。前几天刚刚尝试制作了不含鸡蛋的柠檬纸杯蛋糕，今天要尝试的双色曲奇饼干一定也会很有趣！

第一步就是和面。Kelley的家里有一套盛放食材的大玻璃罐子，其中一个的罐身上写着"flour"（面粉），这种储存面粉的方式真有种复古的感觉。Kelley用量杯舀了几杯面粉倒入一个大盆。然后，她舀了一杯白砂糖和一些红糖放进盆里，又打进去两个鸡蛋。我们轮番搅拌这一大盆面糊，这可比我想象的要难不少。过了仅仅一分半钟，我的臂力就几乎"消耗殆尽"了。唉，做点心可真是个体力活！

接下来就是"增肥时间"——向面粉中放入各种油脂类食材的时候了。

Kelley先从橱柜里拿出一罐像奶油一样的东西。打开罐子，我就立即闻到一股植物油的特殊味道。这种油是纯白色的，看起来像是氢化植物油。Kelley说它可以用来代替黄油，但不能放太多，两teaspoon（茶匙）①就足够了。这"茶匙"可不是普通的勺子，而是和"cup"（杯）② "pint"（品脱）③ "quart"（夸脱）④等一样，是美国通用的体积计量单位之一。

之后，我们又从冰箱里拿出一条黄油，黄油的包装纸上已经标识了"cup" "teaspoon"等字样，只要拿锋利的刀切一切就可以得到想要的分量，这样的设计免了厨师再用电子秤，真是人性化的包装。Kelley依照标识挖了8茶匙，然后把黄油放到微波炉里融化，再倒进盆里，继续搅拌。

图9-1 鸡蛋，糖和奶油

我看到盆里汇集了这么多的"减肥杀手"：糖、黄油、奶油、巧克力、香草甜精……不禁被这阵势吓了一跳，隐隐地觉得应该担心点儿什么：这样"声势浩大"地使用高糖高脂原料制作点心，做出来的美味一定会令人发胖不少。从前我自己做点心的时候，是绝对不会用这么多黄油和糖的。我在对着想象中的饼干成

---

① 约15毫升。

② 约237毫升。

③ 约473毫升。

④ 约946毫升。

品流口水的同时，是时候担心一下自己的体重了……

在制作过程中，我发现Kelley做西点时完全按照菜谱的要求，温度和时间一点也不能差，原材料分量误差小得完全可以忽略不计。西方食谱与中国菜谱在这方面有很大的差异，我从来没有见过西方食谱中出现"少许""一些"这样含混的用词。我想这是因为东西方两种不同的饮食文化造成的：中国的菜式千变万化，而重点不仅在于原料，还在于烹饪的技巧。在不同的家里，有很多菜都是妈妈们即兴炒制的；即使是某些餐厅的大厨，偶尔不严格按照菜谱上写明的步骤，也照样能做出美味的菜品。美国菜却不同，由于美国历史和文化与中国相差甚远，美国独创的菜式比较简单，而且多以烘焙为主，烘焙的时间长短以及配料的分量多少可以在很大程度上影响成品质量。总之，中国人喜欢在菜品的原有基础上自主创新，而欧美菜式普遍需要更细心的制作步骤，各有各的独特优点，我都喜欢。

在我浮想联翩的时候，Kelley已经在面糊的搅拌上努力了五分钟，我们的初步成果是一个看起来表面油乎乎、刚刚成型的大面团。由于我们要做两种口味，Kelley又把面团分为两半，一半维持原样，另外一半加入可可粉。经过我们的努力，两个面团终于制作完毕。现在，我们要把这两个面团分别包上保鲜膜（用来成型），然后擀成两个长条，再贴在一起，放到冰箱里冷冻半小时。

这半小时里，我又喝掉了一瓶果汁，其余的时间都在写数学作业，直到Kelley叫我下楼。像这样子多种任务同时进行，效果似乎也很不错！

过了半小时，两个长条面团已经冰冻好了，Kelley将保鲜膜撕掉，我发现两根长条已经硬得像木棒。于是我们又将它们贴在一起，等到面"条"稍微融化的时候才开始切片。切下来的片都是带有阴阳图案的（当然，没有那么准确，因为这种饼干没有"阴阳鱼"中间的眼睛），这些就是我们要烘烤的饼干了。Kelley全部切完之后，我们又等了一会，让两种面团更贴合一些，才将饼干放入烤箱烘烤。

与Jeannette家一样，Kelley家也有个很大的烤箱，一层容得下好几个烤盘。大约20分钟过后，饼干就烤好了，Kelley戴上手套把饼干拿出来。在饼干没有完全凉透的时候，它们尝起来就像小蛋糕，松松软软的，又甜又香；完全凉下来的时候，这些饼干还是一样松软，没有脆脆的感觉，但是却有桂花糕的风味。我还把一块没有带巧克力味的饼干给两只狗狗吃。本来我是想拿巧克力饼干喂狗狗的，但是Kelley制止了我。我这才了解到原来狗狗不能吃任何巧克力制品的，否则它们会过敏而死。天啊！我差点成了"谋害"狗狗的罪人！

做完饼干，天色已暗。我没有吃晚饭，只是吃了一点饼干，就上楼去，写了一篇英语日记。英语老师规定说这个暑假应该每周写一篇英语日记，但是现在暑假的一半还没有过去，我就已经写了6篇——活动真是太丰富了！我真恨不得天天写日记呀！

7月23日
手工艺的盛宴和BBQ晚餐

　　今天早晨，我们匆匆吃过早饭，Kelley就带我开车去外面旅行啦。在美国，开车旅行真是件平常的事。今天的开车路线与昨天的不同，我们穿过了无数林荫道之后，把车开到了一个大湖的上游。这应该是一个自然形成的湖，湖中央有一条小道，通向一座壮观的白房子，看起来像是个景点的游客中心，湖的周围就是秀美繁茂的绿树和星星点点的独栋别墅。

　　这使我想起班里一个见多识广的同学所说的话："发展中国家的人都从村里往城里跑，发达国家的人都从城里往村里跑。"仔细想想确实有一定的道理。这里的乡村卫生条件好得令人吃惊，又加上风景优美，远离喧嚣，真可谓是"无丝竹之乱耳，无案牍之劳形"。于是，这儿便吸引了各地生活富裕的人们，他们几乎每个长假日都会在这周边的"度假村"度过。

　　Kelley一边开车一边对我说，这就是她们这里的Chautauqua Lake。在Chautauqua这样一个不出名的县里，竟然有一个大湖，我感到十分惊讶。"不过，这个湖已经不算大了，过几天，等你妈妈来了，我们要一起去看Lake Erie，那才是真正的大湖呢。"啊，这可是美国五大湖之一呢！我整个人一下子提起了精神。

不过，这还不是今天的重点。在Arby's买了两份快餐，我们继续赶路。在路上，我们看到一个小摊，上面摆放着西红柿、黄瓜和玉米，大概是本地的农民来这里卖自家种的东西。Kelley下车去买了十几个新鲜玉米和几个西红柿，又买了一些黄瓜，放在汽车后备箱里。哎呀！还没"血拼"（shopping）呢，后备箱就快装满了。买了这么多蔬菜，是为了做什么呢？

还没等我想明白这个问题，车子就已经停在了手工艺超市的旁边了。这是个超级大的超市，而进店选购的顾客绝大部分是年轻女孩。她们人手一个推车走进去，而走出店面时大多满载而归。

其实，早在几天前我们逛动物园的时候，Kelley和Jeannette就带我去过一家手工艺品商店。那是一栋有黄墙蓝瓦、有点奇怪的小"别墅"，虽然挺别致，但是远没有这个超市气派。

虽然我已经做好了大吃一惊的准备，但是一进到这个手工艺品店，我又目瞪口呆了一回——景象比前几天和Jeannette一起去逛手工艺品市场还要壮观许多倍。映入眼帘的是一串串"珍珠"——白色的，肉色的，米黄色的，乳白色的，银色的，甚至还有粉色的，挂满了好几个架子。它们的表面很光滑，想必是制作珍珠项链的好材料。经过了一番努力的挑选，我选出了一盒纯白色的迷你珍珠，大概有200多个，标价只有一美元。这些珍珠既可以单独用来制作细项链，又可以在制作其他首饰时锦上添花，一举多得，真好！

我们又绕到架子的后面去，看到了仿真的巨大的粉色珍珠。我买了一串，大概不到二十个就可以做一条手链戴上。然后选了一串透明无色的圆珠子和两串同型号的珍珠，一款是蓝色的，另一款是紫色的。

珍珠架的对面是其他各式各样的彩色珠子，数量比珍珠还要多很多！有些珠子有民族风的花纹，有些带有金属的气息；有些带有矿石或木头质感，而另一些本身就是石头！千变万化的设计，让人不禁浮想联翩，几千几万种可能性都仿佛在这一刻变得触手可及。

我发现，这里最多的不是球形珠子，而是正多面体珠子。透明的蓝色珠子看起来水汪汪的，清爽的绿色看起来让人耳目一新。我选了一串正二十面体的绿色透明珠子，还有一串蓝色正方体珠子（这是我第一次看到正方体的珠子）。后来，我还选了一款不透明的白色正十二面体珠子，看起来做辅助材料也会非常不错。

还有糖果系列的珠子。我一眼看中了几串天蓝色的像糖果一样的珠子，旁边还有同款，只不过是换了颜色，多了红、黄、绿、紫和褐色五种。这两款我都买了下来，这样是不是能够拼成"五色福娃"了？

图10-1 珠子货架

图10-2 首饰原料货架

　　在同一个货架上还挂着做手链和项链需要用的工具，货架摆着专门放各种奇形怪状的珠子的塑料盒。这些我都挑了一种放进了购物车。我还买了做手工用的金属丝和耳环，以后就可以自己装饰耳环送给我的姐姐们了。对了，还有cream bead：这种很小的金属珠通常装在小罐子里，是专门用来被压扁而起到固定手链的作用的。

　　终于走到古典风珠子的面前，我惊喜地发现了青花瓷珠子和绿松石珠子，还有仿制翡翠。这样，购物车里又多了四串珠子，两串青花瓷的，一串大一串小；一串绿松石花纹的，就像是天然的纹路；还有一串翡翠色的圆珠。之后我又去摇滚风的珠子货架那里看了看，收获了两串黑色扁圆形珠子和一串闪着亮光的藏青色珠子，像美丽的钻石。我还买了一个塑料盒，里面有分格，可以用来收纳各种珠子。

　　经过大约二十分钟，珠子"市场"才算真正逛完了。实际上我完全没有逛够，因为想买的珠子实在太多太多。唉！要是能把它们全买回去该多好啊！转念一想，还是不要这么贪心了吧！

　　等我们走到离珠子市场只有十米远的毛线市场，我的购物欲又有萌芽的势头了。这里的毛线一堆一堆的，整齐地放在柜子里，等待顾客来取。这里有在中国天天能见到的普通毛线，也有渐变色的毛线，闪闪发光的毛线，带着小绒球的毛线等等。我买了一卷红粉白三色渐变的毛线和一大团浅粉的带着银色细线的毛线，准备回家织一个帽子。

　　在毛线区的对面，我又看到了各种丝带和彩纸。成千卷的丝带整齐地摆在一起，一种颜色至少能衍生出五种不同款式，有波点的，带花纹的，细的，粗的，

图10-3　多种丝带

图10-4　多种卡纸

就连没有任何装饰的普通纯色丝带都那么漂亮。我犹豫了好一会才选中了两款。

至于彩纸，我买了四张，又拿了一张蓝色带雪花纹样的卡纸，因为每四张一美

元，买四送一。相比较珠子的价格，卡纸可真是物美价廉。我选了粉色和紫色小

碎花纹样、四叶草纹样和音符纹样的彩纸，然后又花了三美元买了一些纯色卡纸

和彩色胶带。

　　下午回去的时候，Kelley带我去了便民店，给自己买了一块德芙巧克力和一

包黑麦脆饼卷，给我买了一包薯片。就这样，我们一边听着流行音乐一边回家。

在路上，我们经过了一个加油站，还正好碰到了Kelley的爸爸。

　　回家之后，Kelley和她的爸爸马上支起了烤肉架，我们今天要来一次真正的

美式鸡肉晚餐。Kelley从冰箱里拿出鸡腿和鸡胸块，准备好烤肉酱和橄榄油，然

后在等鸡肉化冻的时候又煮上了意大利面和玉米。

　　煮熟意大利面大约用了十五分钟。我从小时候就喜欢原汁原味的饭菜，对我

来说，白煮面已经可以当作一顿美味。但是，对于绝大部分欧美人，意大利面酱

的地位甚至比面本身还要高，许多顶级大厨都在酱料上下很大的功夫。今天Kelley

使用的是最基础的番茄酱。不过，这番茄酱和用来蘸薯条的普通番茄酱不一样。为了让酱料更鲜美，制作原料里不仅仅有番茄，还会添加其他辅料。比如，酱料添加了一种碾碎的绿叶植物。Kelley说，这是一种叫做"basil"（罗勒）的植物，是一种在西餐里很常见的调味料。把面条盛在一个大碗里后，她把酱料放在两个碗里，其中一个碗里加了肉丸。看来我今晚要体验经典款Spaghetti①了！

面摆好，玉米也恰巧煮好了。Kelley把煮玉米的锅放凉之后，就直接放在餐桌的餐布上。我尝了尝煮玉米的水，是甜的，作为天然饮料一定很健康。

这时，鸡肉也该化冻得差不多了。"Perfect timing!"（时间正好！）Kelley很高兴，这就系上围裙去烤肉了。她先给鸡肉表面刷了一层橄榄油，然后给部分鸡块刷上烤肉酱。当木炭烤肉炉预热到了一定温度，鸡肉就可以烤制了。肉块在炉子上发出"滋滋"的响声，还不时溅出油花，看起来很好吃的样子。

Kelley烤肉的时候，她的弟弟Mike一直在和两只大狗玩飞碟。两只大狗在不停地叫唤，也许它们也想吃。Kelley身着格子衬衫和牛仔裤，她的围裙也是格子花纹。我甚至觉得，如果她再梳两个辫子，就可以变成油画里的田园少女了。

过了有十几分钟，晚餐做好了。今天我们的晚餐有自助沙拉、BBQ烤鸡肉、肉丸意大利面和煮玉米。开饭前，Kelley的继母也回来了。她带来了涂着亮粉色奶油的胡萝卜杯子蛋糕。这下饭后甜点也齐了。细想一下，这可是我第一次在美国家庭里吃真正的家庭晚餐呢！

---

① 它是在超过五百种不同的意大利面中最常见的一种，也最受普通欧美餐厅欢迎。（"五百种"意大利面并不是单指面的配料，而更多的是指面的形状。）

图10-5　BBQ鸡肉　　　　　图10-6　完整的BBQ晚餐

　　Kelley家每星期差不多只有一次全家聚在一起吃晚餐的机会。这时，信仰基督教的家庭就会先祈求神灵的庇佑再吃饭。饭前，Kelley的父亲先带领大家念祷词，然后说一句"阿门"才可以开饭。我用夹子夹了一个热腾腾的玉米，咬了一口，感觉就像是水果玉米，鲜脆饱满。我又拿了一块鸡肉和一些黄瓜片，鸡肉烤得像我们平常在餐馆里见到的牛排一样，有一道一道烤过的深红色纹路。我还尝了尝白煮的意大利面，里面透着一股清新的麦香味，一定是混合麦粉制作成的吧。虽然它的口感有些粗糙，但肯定很健康。如果我现在只有六七岁，肯定会不顾形象地狼吞虎咽。

　　晚餐后，甜点终于上桌了。胡萝卜杯子蛋糕主体是棕色的，上面还有装饰的奶油糖霜花和糖霜胡萝卜。吃蛋糕的时候，我用了一种非常好的办法，既不会搞得满嘴都是奶油，又不会掉蛋糕渣。将杯子蛋糕横着切一刀，然后把上半部分倒过来，奶油夹在中间。这样，杯子蛋糕就变成了一个形如汉堡包的东西，吃起来很方便。这种方法真的很奏效，餐桌上没有留下一丁点儿蛋糕渣。在座的美国朋友都很吃惊，一个劲地夸我是"very smart girl"。嘿嘿，其实这个方法是从网上学来的。入口时，蛋糕很甜，但是后来的回味又有点酸。真是奇妙啊！

晚饭后，我和Kelley一起清洗了碗盘。在美国刷碗着实不比在中国简单，因为美国一个家庭通常有四五口人，像Kelley这样的重组家庭曾有八口人。就算是家里配有洗碗机，在使用之前也需要把碗盘先清洗一遍。如果要开家庭聚会，那么有可能需要刷几十人的碗。怪不得好多超市都卖五颜六色的一次性纸碟呢！

7 月24日

Chautauqua Institution

在我与Kelley的美国之旅开始之前，我就对她家乡的
Chautauqua Institution有所耳闻。 Kelley把这里描述得像一
个仙境：蓝天上飘着大朵大朵的白云，小路两侧开遍了野
花，小孩子和动物在草坪上一起玩耍……向往了这么久，
今天我们终于要去一览Chautauqua Lake的风光啦！

Kelley的家乡在纽约州西部，虽然没有"大苹果"纽
约市的繁华都市景象，但是这里大片大片的绿色却总能让
我想起美术博物馆里的田园风景画。听Kelley说，每年的
夏天总有一些外地家庭来这里度假，因为它环绕在蓝天
碧水绿树间，环境优美舒适，度假简直再适合不过了。听
Kelley说，这里除了风景优美，还有一个为游客们开设的
非营利学校，但只在暑期营业，专门教授各种关于居家的
技能，比如茶艺、花艺、小装饰品制作等等。

经过了一个小时的车程，Chautauqua Lake终于出现在
我们的视野中。过了不久，湖中的一片别墅群也逐渐显出

轮廓。这就是Chautauqua Institution[①]。买门票的时候，我就已经注意到了周围稀奇的杂色小花——连售票处都已经装点得这么别致了，里面会有多美呢？

经过售票处，我们走到了一条宽步行街上。这条步行街的两侧都是浓密的大树，用"魁梧"一词形容毫不过分。高大的树丛中掩映着气派的别墅——有不少白色和蓝色的，还有米色的，褐色的，甚至还有绿色和粉色的，建造得像童话故事里的城堡一样。这之中有一栋优雅的浅粉色别墅，墙体是粉色的鱼鳞状，尖尖的房顶像一个个帽子。这座别墅真像是不少女孩梦中的房屋——从甜美可人的装修风格到舒适的自然环境，怎么说都像是公主的闺房！

图11-1　大树

图11-2　粉红色房屋

① 一个非盈利的高端成人教育组织，坐落在Chautauqua湖边。与此同时，由于环境优美，这里也兼作度假胜地。

这些别墅中以唯美风格的家庭式旅馆居多。有一些富豪为了度假，已经租下甚至买下整套别墅。每栋别墅都有一个不大不小的院子，孩子们在院子里追逐打闹，大人们则在院子里喝茶、聊天。不少别墅还有独特的装饰品，例如栏杆上挂着的写着welcome的陶瓷游泳圈、摆在楼梯上的瓷质青蛙、院子里的青石板小路上雕刻的小猫图案等等，常给人一种新奇的感觉。这里的步行街是由粉色的砖块铺成的，令人宛若置身于童话世界。

走着走着，我还看到了一个白色的长椅，椅子上挂着一个青绿色的牌子，上面写着"A CHAIR YOU MAY USE FOR RESTING AND DREAMING"（可以坐下来做美梦的椅子）。看，就连这里的椅子都那么通人性，还邀请我们来这里小憩！正如这句话所表达的，坐在这张长椅上做几个白日梦的同时享受美景，也可以叫做"美好的一天"。

图11-3　青蛙摆设

图11-4　白色长椅

沿着粉色的小径再向前走，我们走到了一个大广场上。广场的中心有一个喷水的雕塑，有几个孩子爬到里面去，触摸清凉的泉水。广场旁边还有一个下沉式的音乐厅，音乐厅旁边的大理石碑上刻着建造者以及赞助者的名字，甚至里面的每个长椅上都有捐献它的物主的名字。音乐厅里有一个乐团正在演奏，女孩都穿着庄重的晚礼服，好像正在为即将到来的演奏会做准备。这里有一栋复古式建筑，看起来像个小教堂，"CHAUTAUQUA INSTITUTION"写在小教堂的一个非常显著的位置，这大概就是这个区域的中心了。这个小小的中心区域里有咖啡厅、餐厅、纪念品店，还有一个小超市。纪念品店里摆着各种精美的明信片和邮票，上面的照片大概都是在这里拍到的。

图11-5　Chautauqua Institution 中心

Kelley带着我来到了其中一家餐厅——她介绍说,她曾经在这里做过服务员。我们去买中午饭时,服务员们都和她打招呼。我要了一份炸鱼薯条和沙拉,她要了一个素汉堡。这个汉堡如果不是仔细看,看起来就和真正的牛排汉堡一模一样,我顿时想起了Mary带我们去的那家餐厅。可能是因为Kelley这样的素食主义者的存在,美国大多数餐厅看来都拥有把素食做得像肉饼的技能。

吃过饭后,在Kelley的建议下,我还点了一份芒果雪芭。芒果雪芭是这家餐厅自制的,格外好吃,有真正的芒果甜香味。餐厅的旁边连着咖啡厅——里面摆满了好吃的糕点,有大块布朗尼蛋糕、红天鹅绒巧克力蛋糕、黑森林蛋糕,还有涂满了草莓酱的草莓芝士蛋糕。Kelley建议我买一块尝尝,也不贵。但是我望着琳琅满

图11-6 芒果雪芭

目的蛋糕竟然不知道从何处下口,又怕变胖,毕竟这个周我摄入的卡路里已经严重超标。最后我还是空着手走出了咖啡厅,有点小遗憾。

出了咖啡厅,我们又沿着小路朝着湖的方向走。路旁的二层小别墅渐渐地变成了低调的白色、蓝色和深咖啡色,鲜花却开得同样繁盛。这时又可以望见Chautauqua湖了,虽说这是个很小的湖,但是站在岸边看,它的对岸却很远。放眼望去,对岸是各种不同绿色的树丛,树丛里有星星点点的小别墅。天上的蓝天白云映在湖水上,湖水真的变成天蓝色一样了。这里景色太美了,以至于我在这里随手拍下的一张湖水的照片,以后再看都感觉像是一幅挂在艺术馆里的油画。

图11-7 蓝色小房子

图11-8 Chautauqua湖

　　岸边有很多私人小码头，虽然码头口上都挂着"private（私人的）"，表示这里是私人码头，谢绝游客入内，但每个码头的独特装饰都令人感到舒心，不能走进去也罢。码头上停着几艘帆船，在碧蓝的湖水中和自然融为一体。湖边的草坪上有松鼠和鸽子，还有几只野兔。我们走到湖的另一边时，看到有不少自行车。湖的这一侧有一个比私人码头大一些的步行木栈道，是公用的，木栈道的尽头还有几个貌

图11-9 Chautauqua Lake

似"漂浮"在湖里的椅子。我也在椅子上坐了一会，虽然椅子不会真的漂动，但看着波动的湖水，我还是感觉像坐船一样。有几个大胆的女生在木栈道上骑自行车，结果其中一个女孩掉到了湖里，把所有人吓了一跳，还好她没有受伤！

不久我隐约听到了钟声，是中世纪传统的钟声"mi—do—re—so—"。这是下午一点十五分的钟声。当我再走了100米左右时，我才看到了大钟的真面目——一个高达十几米的巨大钟表！Kelley介绍道："这个是真正的传统式大钟，每十五分钟报时一次。"

沿着湖边走了一会，我渐渐看到有沙滩和儿童游乐区。刚刚的那一侧是湖，这里简直又成了海滩。有十几个人在湖里游泳，他们中各种年龄段的都有，还有些年轻人坐在树下读书。有家人带着两只金毛狗出来散步，小孩子在草坪上玩耍。这里就是可爱的天堂呀。

在我完全被美景迷住之前，Kelley又拉着我去了一个家具店。这个家具店还真是有个性——与其是将家具摆放在店里，还不如说像是个样板房。我们进店的时候，店主正在客厅和几个买家喝茶谈话。客厅里有很多水果盘，虽然种类多，但是经过店主的细心摆放，不仅不显得杂乱，还让人感觉有一种独特的美。

再上楼，我发现楼梯上的地毯也是花花绿绿的，和中国人熟悉的古典风地毯完全不是一种风格，这更让我感到新奇了。儿童双层床上

图11-10 花

还放置了闹钟，课桌上摆了一圈装饰品，也都丝毫不显杂乱。原木椅子上还挂着各色的小装饰品。纯色配多色的搭配确实让人赏心悦目，看来这店主在空间布局上很有造诣呢！

游玩了一圈，转眼到了下午四点左右，我们也该回家了。我跟着Kelley走向停车场，本以为今天的旅行到此结束了，没想到停车场还给了我一个小小的惊喜。发现停车场的栅栏上缠着一串一串的青色水果，我便问Kelley是什么，Kelley说是野葡萄，它无毒可食用，但是味道又酸又苦，不过我可以带回家做纪念。于是我摘了几粒葡萄做起了研究。扒开葡萄皮，我发现葡萄皮与果肉的形态都与我们平常吃的葡萄大致相同，只是小了一些。

在回家的路上，我们路过商店，买了一包薯片当晚餐。由于是夏天，这家便利店里的冰柜装着满满的冰棒。这并不足为奇，但我竟然还看到了一种放在橱柜上卖的冰棒！仔细看看标识，我才知道这种冰棒是"固体饮料"，是供顾客买回家自己冰冻享用的。

今天晚饭后，Kelley和我度过了一个很有趣的傍晚。我拿出在手工艺品店买的卡纸，在房间里做起了贺卡。我用粉色的卡纸作为底色背景，贴上有着五线谱音符的黑色美工纸，再贴几个字母贴纸，一张生日贺卡就

图11-11　阳光透过树荫

完成了。虽然我还没有想到收这张卡片的人选，但是她（他）一定会是个热爱音乐的朋友。我还为Kelley的爸爸做了一张绿色四叶草的卡片，以表达对他热情招待的谢意。

过了一会，Kelley又向我展示了她和她家人曾经穿过的礼服。这可是第一次有人向我初步介绍美国式舞会——美国人参加舞会一般不租礼服，而是把它买下来一直留着。Kelley的旧衣橱里有很漂亮的红色裙子，裙摆是蓬蓬的红色纱制成的；有Kelley参加高中舞会时曾穿过的苏格兰风格古典长裙；还有一件乳白色的小号长裙，是Dawn的亲生女儿在 11岁时参加舞会所穿的，她穿的时候裙子还拖着地。我也试穿了一下，竟然意外的合身。这样我也可以去参加舞会了！

7月25日
布朗尼蛋糕和Chautauqua Fair

今天早上，Kelley为我准备了煎蛋和培根，外加Grilled Cheese（奶酪三明治）。美味的早餐好像打开了我们的味觉，总感觉意犹未尽，于是我们又"扫荡"了昨天剩下的几片双色阴阳曲奇，这一大盒自制的美味饼干就这样被我们在两天之内吃完了。

早餐之后是Kelley与Ginger、Charlotte嬉戏的时间，但我一想到暑假作业就没有心思陪狗狗玩了。于是我跟Kelley"请了假"，花了三小时去楼上狂刷了50多页的作业，这回终于把一整本作业本写完了！现在，我心里少了一项负担，可以安心地下楼向Kelley学习点心制作了。

今天Kelley要教我做的甜点是我最喜欢的布朗尼蛋糕。在制作布朗尼蛋糕之前，Kelley先从她的众多宝贝食谱中挑出了一本1920年的古老食谱。这本食谱的扉页上印有古典的装饰纹样，里面的插图也是上世纪的画风。这本烘焙食谱详细地介绍了布朗尼蛋糕的来源：在几百年前，有一位黑人老婆婆在制作普通巧克力蛋糕时忘记了打发鲜奶油，于是烤制

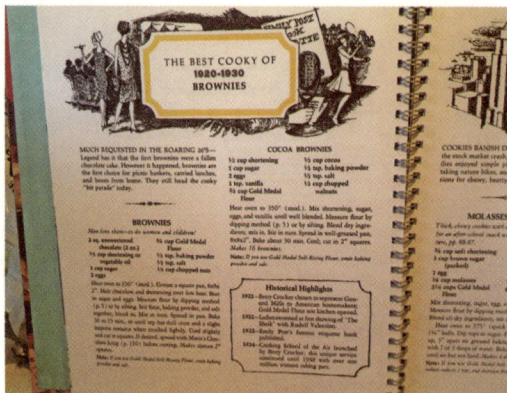
图12-1　布朗尼制作菜谱

出了一个质感过度粘稠紧实的蛋糕，然而这个失败的作品却异常的好吃。在今天，布朗尼蛋糕被加上了各式坚果和酱料，还经常和其他口味的蛋糕搭配出场。经过不断改良和发扬光大，它甚至有成为美国家庭最具代表性蛋糕的势头。我想，这个错误也许是世界上最美味的错误之一吧！

说到食谱，Kelley一直很喜欢收集五花八门的食谱，这些食谱的内容可真够全的：有烘焙的，有烧烤的，还有专门为素食者所编选的蔬菜食谱。制作方法也是千奇百怪：有传承了几百年的传统烹饪方法，也有创新甚至是挑战性的烹饪手法。Kelley的这些宝贝食谱中不乏曾祖母级别的，有几本老食谱甚至经历了两次世界大战，可以算是历经千辛万苦才辗转漂流到Kelley的家里。

我盯着菜谱，竟然没注意到Kelley早已在一旁忙着准备所有的制作材料。我不禁有点惭愧：作为小学徒，我还是不够专注啊！我看了看摆在桌上的材料，有白砂糖、奶油、黄油，还有巧克力，这些"臭名昭著"的增肥食材用量之多已经超过了上次，到了令人惊叹的程度。好吧，Kelley每天都带我吃太多美味的点心，减肥计划也自然是一次也没有成功过。我现在也明白了为什么美国有很多人被肥胖症困扰——因为美国的甜点真的太好吃了！

同样令人惊叹的还有她家用来盛白砂糖的玻璃罐子。虽然糖普遍被归为制作"甜食"的辅料，但是糖罐子可一点也不比盛面粉的罐子小。如果现在这个罐子里盛满了砂糖，它一定至少有十公斤重，我是很难搬动的。

正式的制作步骤开始了——Kelley先用计量器舀出一杯糖（约205克），然后加入两个鸡蛋和一些氢化植物油。搅拌好碗里的材料，她又加入一些可

图12-2　布朗尼

可粉和面粉，将这些材料再次搅匀。经过了一番搅拌，我们把面糊倒进擦上黄油的烤模，放进烤箱，接下来就是等待啦。这布朗尼蛋糕的制作方法比我想象的还要简单好多啊！

半个小时之后，布朗尼蛋糕就烤好了。Kelley准备了一块棉质隔热垫放在桌子上，又戴着手套把蛋糕拿了出来，小心地放在隔热垫上，以免铁制烤模把桌子烫出痕迹。刚出炉的蛋糕中间凸起，还冒着热气，香甜的气息让我恨不得马上就扑上去。等蛋糕完全冷却下来，我们又把这块大蛋糕切成小块，以便大家分享。我们的布朗尼蛋糕和点心店橱窗里的肯定有的一拼！

吃着布朗尼蛋糕，喝着饮料，我又做了几条手链，Kelley则给朋友制作了耳环。我们就这样度过了一个非常美好的下午。

正在有些无聊的时候，Mike和Dawn外出回来了。得知我们还没有计划做任何事情，Kelley的爸爸特别高兴。原来，他一直想带我去当地的游乐园Chautauqua

Fair痛快地玩一玩。"那里除了有游乐设施，还有动物园和各种小摊，非常有意思，小孩子们最喜欢了！"Mike说。Kelley也在一旁频频点头。

"哎呀，我又不是小孩子了，动物园和旋转木马什么的还适合我吗？"我心里有些无奈，但不忍心拒绝Mike的盛情好意，我还是接受了他的邀请。也许这里的游乐园和我去过的不一样吧？美国人最喜欢的游乐设施到底是什么呢？虽然我有点儿打不起精神，但是不得不承认，我对游乐场还是很好奇的。

与上次去看土著舞蹈表演一样，这次我们也是乘车去Chautauqua Fair[①]。经过半个小时车程，天色还没有暗下来，而远处的摩天轮已经发出五颜六色的光，十分有诱惑力。车子开得越近，我就越盼望，这还真像Mike所预想的，还没等到踏进游乐园的门，我就已经对接下来的活动憧憬不已了。唉，看来我还是个地地道道的小孩子呢。

Chautauqua Fair是一个挺典型的综合游乐城，正如Mike所介绍的那样，这基本上是一个动物园、游乐设施和小吃摊的集合；然而，它又与我想象中的截然不同。

图12-3　Chautauqua Fair 入口

① Chautauqua的游乐园，内有许多常见的游乐设施，例如旋转木马、海盗船和摩天轮。

买票不麻烦，因为没有人排队，这种体验好愉快！我们首先进入了动物园区，最早迎接我们的是各种灵长类动物。有些珍稀的灵长类动物被安置在一些长约四米，宽、高各约一米半的玻璃室内，较常见的则与参观者们隔着一道铁丝网。这些动物也各自有各自的游乐设施：一只长臂猿和它的小伙伴们正挂着树枝荡秋千，还有小猴子坐在它的窝里玩藤条。有一只金丝猴还把手臂伸出来与我们握手呢！

如果说灵长类动物展览还算比较常见，那接下来就让我大开了眼界。在我眼前的是一个模拟农场：奶牛、马驹、绵羊和母鸡在不同的圈内活动，而照顾他们的居然是小孩子，旁边只有几个管理人员保证这些小饲养员的安全。小朋友们给奶牛挤奶，给母鸡和马驹喂食，还包下了照顾羊羔的活儿；有些小孩子初来乍到，还需要学习这些技能，而有些小孩子已经是这里的饲养员明星了。

我看到一只刚刚出生不久的小羊羔，大约三十厘米高，细瘦的小身子上裹着棉花一样的绒毛。羊羔的旁边站着一个不超过十岁的孩子，正拿着奶瓶耐心地给它喂奶。就连六七岁的小朋友也能帮上忙——他们负责用小推车运送饲

图12-4　孩子动物园里的小羊

料，工作效率并不比专业人士差多少。小饲养员们的认真态度让旁观的我也感觉到了这模拟农场的神奇力量。他们比我年龄小得多，在国内也许家长们根本不会放心让他们去做，但在这里，他们的表现好棒啊。也许，当人们走进一个由孩子

图12-5　Chautauqua Fair 内景

主导的世界里，一切事物就会自然而然地拥有令人难以置信的魔力。

　　Kelley要带我去体验游乐设施的时候，我正沉浸在小朋友们和小动物们友好相处的快乐中，还有点恋恋不舍呢！不过，欢乐还在继续，我们现在只是换到了游玩区。这里既有经典的旋转木马、海盗船和过山车，又有几个"新发明"。比如，有一个很高大的设施，看上去像个摩天轮，但这"摩天轮"的客舱本身也在旋转，惊险程度一下子提高了。

　　不过，最令我兴奋的还是看到《小屁孩日记》中提到的"头盖骨粉碎机"。如书中主人公Greg（格雷）所描述，所有平安无事从客舱中走下来的游客都可以被冠为"survivor"（幸存者）。这种机器有十几个客舱，舱门关闭后，整个机器就开始飞速旋转，每个小舱也开始独立旋转，这样旋转几分钟之后才会停下来。虽说它和刚才看到的"摩天轮"有点像，但是"头盖骨粉碎机"转速更快，高度也更高，当然就更令人膝盖发抖，可真是配得上"头盖骨粉碎机"这种名字啊。

　　我和Kelley一起尝试了几个不同的项目，Mike还主动陪我坐大转盘。转盘每次都带着大约三十人"上下飞舞"，而人体就会由于离心力向转盘外甩。然而这个看上去危险的游戏吸引了不同年龄段的游客，上至七十岁，下至四五岁，大人和小孩都喜欢。

　　玩了足足一个小时，我们一行四人都有点饿了。我在路上看到了一个小小的流动披萨摊，摊主只有一个小推车和几个烤好的披萨饼。这披萨比一般的车轮还大，买卖自然也都论"块"。在我们之前，有一家人买走了整个披萨饼，那上面的奶酪可以拉出半米长的奶酪丝。摊位如此简陋，但披萨上的奶酪犹如闪着金光，足够让我这个小馋嘴移不开眼了。

　　我们还没有走到小吃街，但我已经饥肠辘辘，Kelley为我买了一块意大利香肠披萨。它只占整个披萨饼的八分之一，不过果腹还是完全没有问题的。

　　等到我们四个人都吃完晚饭，天还早，我们又一次奔向了那些游乐设施。Kelley和我一起坐了有二十米高的摩天轮，据说可以一览Chautauqua镇的全貌。我们所坐的客舱慢慢升上去时，整个游乐园、整个地区以及远方的绿树都逐渐现身。摩天轮底下的绿色在蔓延，可以很清楚地发现，大片的绿色中没有一栋高楼大厦的影子，Chautauqua几乎全部被农田和森林覆盖，它体现的正是美国典型乡村城镇的美吧。

　　在摩天轮上歇了歇腿脚，养了养精神，我们又恢复了原先的疯劲儿。我现在这兴冲冲的表情，看起来估计像个七八岁的孩子吧？嘿嘿。

　　接下来我和Kelley参观的是"镜子屋"。屋如其名，这个镜子屋所有的墙都由镜子组成，让人们根本找不出出口的位置。一进入镜子屋，我就完全迷失了方向。后来，我只得以地上的瓷砖为线索，小心翼翼地摸着"墙"走，这才找到了出去的路。出口是一个很大的滑梯，我坐在滑梯上，从二楼滑到了一楼。

天色悄悄地变得昏暗，我本来都有些困了，Mike和Dawn却还准备带我参观饲养场。饲养场？这样的一个"景点"让我有些惊讶。不过，两个小时之后，我承认，这是我见过的最棒的饲养场。

我们首先进入鸡棚。这个饲养场的鸡都有一个单独宽敞的笼子，每只鸡的笼子上都有它的编号、性别、年龄和体重，有的甚至还有自家主人取的名字。一个个喂食槽里装满了玉米、谷类和其他一些饲料，这儿的一只只鸡都养得很肥大，羽毛也油光水滑。这个饲养场有个出彩的特色：人们不仅可以从这里买走牲畜，还可以把自己的家养牲畜送到这个动物们的"健康疗养所"借住一段时间。

走到鸡棚的另一边，我还看到了几只鸽子。有的是纽约城到处都是的灰鸽子，还有一只白鸽子和几只黑鸽子，正在笼子里忽闪着翅膀。我还看到了一只灰色鸽子，头上长满了"肉瘤"，真是吓了一跳。后来我才知道，这是一种不同的品种。我甚至还在这里看到了被饲养的乌鸦。第一次近距离接触乌鸦，我才得以细细观察它的黑眼珠，它的眼睛一直被黑色的羽毛覆盖，让许多人误以为它没有眼睛。它的羽毛乌黑油亮——这形容，简直和洗发水广告词别无二致了！

和小鸟们告别，我们就要去猪圈和牛棚了。一进门，就看到十头小猪

图12-6　小猪和母猪

躺在母猪身旁吃奶、睡觉。听饲养员说，母猪有400公斤，这些小猪还不到一个月大。接下来我还看到了美国本地白猪、亚洲产的黑猪，还有黑白相间的花猪。参观猪圈也能学到不少知识呢！

走了几步，我就走到了紧挨猪圈的牛棚。这里的牛站起来和成年人几乎一样高，显得非常强壮。Dawn和负责牛棚的饲养员认识。饲养员指着一头三岁的栗色公牛为我们介绍。这头牛乖乖地站了起来，我感觉它至少有600公斤重。

我们还随着喜欢牛的Dawn看了好多只牛。走到一头小牛前面时，饲养员说："这头牛半岁，它有300公斤重。"半岁的小牛已经抵上四五个成年人的重量，小牛长得真快呢！它的皮毛颜色很复杂——大部分是棕色的，有一小部分还是黑白点。饲养员说，它正在褪去幼时的毛，长成一头强壮的公牛。

逛了一圈，不知不觉中已经晚上十点了。我抬头望望天，天空是万里无云的墨蓝色。今天的我真是在以一种不一样的方式"学习"：上午，我当了一回烘焙课学徒；而下午，我又和不常见的动物近距离接触，并了解了好多关于它们的知识。与此同时，我还在痛痛快快地玩。我想，这才是暑假的意义！

7月26日
《魔镜 魔镜》和诱人的披萨

　　从前，我在美国吃到的美式早餐全部是面包、煎鸡蛋配培根肉或香肠，但是今天Kelley为我做了一种很有趣的早餐。

　　今天的早餐是吐司和鸡蛋，但是吐司中间挖了个洞，洞里面放着煎蛋。我猜它的做法一定是先把面包挖一个大洞，然后直接把鸡蛋打在洞里煎。Kelley为我介绍说，这叫做"egg in a basket"[①]，也是一种很有特点的美式家庭早餐。其实，把面包切出一个洞，然后向里面填塞喜欢的食物，都可以称为：egg in a basket。

　　早餐后我吃了一小块布朗尼蛋糕。这是我品尝的第一块成果。咬一口，蛋糕就散发出浓浓的可可奶油香味。品尝之后，我甚至有一种在"吃"热巧克力的错觉。

　　今天我们没有什么外出计划，于是Kelley打算和我一

---

　　① 一种独具风格的美式早餐，通常的做法是把一片吐司面包中间挖一个洞，放进涂了少许油的热锅里，然后把鸡蛋打在洞里煎。

起在家里看个电影。我选了一部叫做《魔镜　魔镜》的电影。这个电影改编自童话《白雪公主》，不过剧情已经完全不同。

故事发生在一个虚幻的国度。皇后生下女儿后就撒手人寰了，皇帝只得独自抚养女儿snow white（即白雪公主）。当白雪公主长大后，国王又娶了一个新皇后，然后给公主留下一把短剑，自己向森林奔去。国家失去了国王的统治后，贪婪的皇后肆意挥霍老百姓的金钱，以至于人们必须讨饭吃。

白雪公主经过18岁时的一次微服私访，发现自己的国家已经民不聊生。在尝试救助国民时，她解救了被困的王子并与他一见钟情，但是却被想嫁给王子的皇后追杀。她与七个小矮人成了朋友，最后在危急时刻战胜了皇后，国王也回到了他们身边，并主持了白雪公主和王子的婚礼。

在婚礼的舞会上，一个老婆婆对白雪公主说："原谅我对你的一切伤害，这是一个红苹果，来表达我的歉意。"这一定就是皇后了。没想到白雪公主拿出那把短剑切开苹果，对老婆婆说："女士优先。"

看完这个比原版情节复杂了不少的电影，我感觉对白雪公主的故事有了另一层面的理解。在原版童话中，白雪公主是一个柔弱的女孩，遇到什么人都会善良地对待；而《魔镜　魔镜》电影中的白雪公主不仅善良待人，而且有着十八般武功和计谋，是一个近乎完美的女孩。我认为我应该像后者多多学习：因为社会是复杂的，不能在所有人面前都一味地善良。像这样足不出户都可以在玩中学习，我又一次感觉到和Kelley一起度过暑假真是一个很棒的选择！

今天中午我们没有出去吃饭，Kelley给我煎了一个汉堡肉饼，我把它当做牛排吃；还有在冰箱里的蛋饺，但我并不怎么喜欢蛋饺的味道，所以又炒了一些蘑菇。吃过一顿并不是那么丰盛的午餐后，考虑到莓子要成熟了，我们决定再次去采摘莓子。

有了上次被蚊子咬的教训，我忍耐住今天的高温，穿了长衣长裤，还喷了一些防蚊虫的香水。我带了一个小桶与Kelley一起走到院子里。大片大片的树莓已经熟了，在树丛里就像是撒在绿毛毯上的红宝石。它们又小又很易碎，我必须要非常小心才能保证它们的完整。

摘到一个，我就马上把它丢进嘴里。真甜！吃到莓子，我的心情一下子就好了很多。这里的黑莓很快就要晒成黑莓干了，趁它们枯萎之前我们赶紧摘了一些放在桶里，不一会我们就摘到了小半桶。

图13-1　树莓

图13-2　Kelly手捧树莓

我们把灌木丛外围的莓子差不多摘完了，就开始探索"新大陆"——Kelley带我进入了灌木丛内部。这里莓子特别多，而且又红又大，应该是因为长期没有人来这里摘。不过来这里摘莓子也是要付出代价的——尽管我穿了长衣长裤，还是被毒蚊子穿透了裤子咬了个大包。听说人类都容易被异族的蚊子叮得不轻。而且，莓子藤上有很多刺，我经常被刺划到手。不过，作为一个吃货，能吃到这么好吃的莓子，这些也不算什么了！

我们绕过小山坡，发现那里还有没有成熟的huckleberry，也就是我们平常说的黑莓。整个小山坡上全都是黄色的草，就像处于旱季的非洲大草原一样。Kelley家的老苹果树上似乎又添了几个苹果，有一些已经红透了半边。遗憾的是，距离这些苹果熟透还

图13-3 未成熟的黑莓

图13-4 Kelly家的后院

有半个多月的时间，而且这种苹果实在太酸，不能直接食用，只能用来制作苹果派。看来我这次是吃不到Kelley家的苹果了！

采完莓子后，我坐在空无一人的公路旁休息。在很远的对面有一栋白色别墅，装点得有些像地中海的风格。白色雏菊和其他的白色野花映在阳光和青草丛中，和白色别墅正好形成了呼应。向公路的另一边看过去，路线越来越向上，在翻过山的那一刻有着绿树掩映，静谧的美景让人想在树下睡一觉。这样的景色在过去的一周里没有变化，我对它的喜爱也未曾变过。

不过，我也不能一直坐在这里感叹，因为Kelley已经在准备我们今天最大的活动项目——制作超大号披萨饼。今晚，Kelley弟弟Mike的女朋友也要来吃饭。鉴于食客较多，我们俩打算做两个"一半一半"披萨。这样就有四种口味可以选择了。Kelley是素食主义者，所以她准备做蔬菜披萨。我们还要做混合披萨、蘑菇披萨和双重奶酪披萨。

就这样干脆地解决了披萨口味后，Kelley拿出大面粉罐子，舀出很多面粉，放在大盆里。看得出来，这次的披萨饼面积会很大。她还拿出basil①（罗勒）碎，撒了一些，和面的时候搅在一起。这样，面团还没烘烤时就散发出了香味。

面和好了，Kelley又拿出一块彩色的塑料板子当作切菜板。厨房里还有六七个这样的切菜板，它们还不到一厘米厚，非常方便使用。她先把面团分成两半，然后拿出擀面杖，很快就把两个面团擀成两个巨大的面饼。她把其中一个拿到同样巨大的方形烤盘上，先给披萨涂上番茄酱，外面大约留了2厘米没有涂。

---

① 罗勒，一种西餐中常见的香料。

然后就是我一直很期待的一个步骤——我们先给所有的披萨撒上了莫扎里拉奶酪碎。我一直坚信真正的披萨就应该使用莫扎里拉奶酪，这样才能在烤好时拉出细长的奶酪丝。下面我们开始分工了：Kelley负责双重奶酪披萨和蔬菜披萨，我负责蘑菇披萨和混合披萨。

图13-5　制作披萨

我在披萨饼上均匀地撒上蘑菇，又给另一半加了一些豌豆粒和肉肠。而与此同时Kelley又给她做的披萨一半放了更多奶酪，另一半放上菠菜、黄豆和番茄。天啊！这样的披萨我是不会觉得好吃的。不过，每个人喜欢的口味都不同啊。

把披萨放进烤箱20分钟左右之后，我们就可以享受劳动成果了。在烤披萨的时候，我和Kelley出去玩，意外地发现了一只小蛤蟆——它的肚皮只有我的大拇指指甲盖那么大。它蹲坐在我的手中，像是在思考。我还把它的肚皮翻过来看了看，发现它的肚皮上有非常细致的褐色和淡黄色相间的花纹。和它玩了一会儿以后，我把它放回了大自然。

蘑菇的边略微有些焦黄，奶酪全都融化了，披萨就烤好了，真是诱人啊。Kelley拿出一把特制的披萨刀——是一个可以滚动的圆片，加上一个把手，这样，用这把刀子在披萨上划几下，披萨就被分出很多份了。我拿了一份纯奶酪的披萨和一份蘑菇披萨吃，真是美味啊。看来减肥的计划又要失败了！！！

虽然我们的披萨属于高热量食物，但它们还是广受好评的：Mike和他的女朋友都很爱吃，Dawn也夸奖我们手艺好。嘿嘿，我都有点不好意思了呢！吃完披萨饼，我们玩得很愉快，度过了一个美好的晚上。

图13-6 小蛤蟆

图13-7 烤好的匹萨饼

7月27日
蓝莓采摘之旅与紧急外出

今天早晨，Kelley准备带我去摘蓝莓。"什么，你家后院还有蓝莓？"我惊奇地问。"不是哦，我们要去一个蓝莓农庄摘蓝莓，如果一次吃不完，我们可以把剩余的买回来吃。"Kelley兴奋地说。我们吃过早饭，穿好外出的衣服，就跳上车奔向"蓝莓农庄"。

车开动了，我们朝着玉米地的方向走去。经过一段走过了好几遍的玉米田之后，我还看到了麦田——其实这里种的不是小麦，而是黑麦。黑麦植株也有和小麦一样饱满

图14-1 无人的公路

的颗粒，所以对我这个外行来说，光凭外表是分辨不出这两种麦子的。麦子收割完了，一辆像卡车一样大的车正在把秸秆吸进去，然后捆成巨大的圆柱体。再向前走，我们还看到了成群的奶牛在牧场上吃草。

这时，我注意到牧场旁边有几个装束很奇怪的人，他们中的几个还骑着马走在公路上。我刚想发问，Kelley就主动介绍开了："那是我们这里的少数民族，是祖先们和荷兰人通婚后形成的。他们像是游牧民族，有自己的语言，也会说英语。他们的学校都是特制的小房子，一般只对这种少数民族的孩子开放。"没想到，我这次旅行还见识了一些少数民族文化呢！

突然，在路边跑出一只火鸡——这也是我第一次看到活的火鸡——大约要有一整只胳膊那么高，看起来有10公斤左右。这应该是一只雄火鸡，因为它的脖颈上有一圈一圈美丽的棕红和墨绿色羽毛。看起来这只火鸡的颈环也蛮像《西顿动物记》中的松鸡呢！也许它就是一只松鸡？

向前走了大约3公里，我们看到一个小店。Kelley下去买了一点东西，还顺便送给我一根西瓜味的糖。这根糖果是红绿相间的，它的形状和象征圣诞节的candy cane薄荷糖一模一样。店里还有其他十几种水果风味的"candy cane"，我真想把它们都尝个遍。

这家礼品店左边还有一家小小的农场，里面养着几只羊和小羊驼，个个留着软绵绵的白色或花色鬈毛。其实，我个人认为羊驼真的很漂亮啊！只是因为它的"外号"而被很多人唾弃，实在是埋没了它的可爱啊！

在向店主打听过后，原本对路线有些迷惑的Kelley知道该向哪里走了，气氛变得更加轻松了。我们在车上聊得很起劲，不知不觉中聊到了婚礼的问题。

"你打算在你的婚礼上租什么样的衣服？"我问。"租？我们美国人从来不租礼服。"Kelley笑着说，"我们都会买礼服。"

"真的？礼服不贵吗？""但是我们都认为，穿过的礼服，尤其是婚纱，就应该保留一辈子。我的婚礼上我想应该可以穿小礼服。"我顿时想起了在波士顿玩的时候看过的一家极高档的婚纱店：每件婚纱标价3000美元以上。甚至是在美国的许多综合性超市中，我也能看到卖礼服的专柜——真是看得我眼花缭乱了，有一种想买却不知买哪件好的感觉。

聊了很久之后，发现我们已经到了蓝莓采摘园。一进售票处——其实只是一个木棚子——我就发现了一个巨大的倭瓜，比手臂还要长。木棚子旁边还有一棵巨大的苹果树，比Kelley后院里的那棵树还大，树下还有好多成熟了掉下

图14-2 英格兰牛

来的苹果。树的右边就是牛栏，牛栏里有三头英格兰牛，棕色的毛发很好看。这种牛的毛很长，据说是因为它们常年生活在高纬度地区，必须适应当地寒冷的气候。不过，虽然它们有着一副"不好惹"的面孔，却十分温顺，Kelley还被允许摸它们的头以及喂它们吃从地上捡的苹果。

在Kelley给英格兰牛喂苹果的时候，我在另一处又惊喜地发现鸡棚——这次除了肥大的母鸡，还有小鸡！几只公鸡在草坪上飞奔嬉闹，小小的木房子里还有一些刚刚脱离"绒球"状态但还未长成的小鸡。它们缩在鸡棚里，怎么也不愿意出来，或许是有点怕生吧？

图14-3　奔跑吧！公鸡

我和Kelley人手一个采摘蓝莓的小
蓝桶，准备到蓝莓田里好好探索一番
了。蓝莓一排一排种得很整齐，大约齐
胸高。Kelley叮嘱我要摘完全变成墨蓝
色的蓝莓，这样才甜。可是，我摘了一
个没有熟透的粉红色蓝莓尝了尝，味道
有点像普通苹果，也很好吃。过了20分钟，我和Kelley都分别摘到了半桶蓝莓。
这个时候我就该开始"现吃"啦！我拿起一个熟了的蓝莓，咬下去，酸甜脆爽；
里面的果肉是青色的，籽也不多。不过，蓝莓的汁水竟然和果肉的颜色截然不
同，是紫红色的，这也许是因为蓝莓皮中含的花青素太多的原因吧。我还看到了
蓝莓的花：小小的六瓣花，里面有一个大一些的花心，就是未成熟的蓝莓。

　　Kelley买下了我们所摘的蓝莓，一共装了4个盒子和1个小箱子。这么一来我才知
道，我们竟然摘了大约1公斤蓝莓。这下Kelley家不用愁买蓝莓了。哈哈！

　　中午我们去了另外一家Arby's吃快餐。这次，我尝试了新款的牛肉味汉

图14-4　蓝莓田

图14-5　蓝莓枝

图14-6　一桶蓝莓

堡——它是把牛肉切成很细的片放进玉米面包里制成的。虽然，在它的宣传海报上，两片小面包夹着已经溢出来的、闪着油光的牛肉，实在有些怪异，但味道还真不错。看来，汉堡不可貌相，我也应该多尝试一下新东西呢！

这天下午Kelley在回家的路上又去了一趟邮局，回来的时候给我带了一袋Lindor's巧克力。Lindor's是一个知名夹心巧克力品牌，巧克力入口即化，甜而不腻，唯一要担心的问题——猜对了——会长胖的。不过，也许大家都看得出，我到目前为止基本上已经放弃减肥计划了，嘿嘿。

回家以后，Kelley和我开始研究怎样用钩针织一个帽子。帽子的织法比围巾难一些，为了成功编织出一个帽子，我还特意去网上搜索了教程打印出来。我决定拿我几天前购买的粉红渐变线团织这个帽子，如果织得好的话，应该会很可爱呢。

正当我织帽子的时候，Kelley的爸爸突然回家了。他说，Kelley的爷爷病危，我们必须

图14-7　毛线帽

马上赶去看望。我带上了我的毛线钩针以及iPad，就和他们一起出发进行又一次的跨州旅行了。嗯，这好像不是旅行，更像是紧急外出吧。在为外出感到兴奋的同时，我又为Kelley爷爷的身体状况隐隐担忧。

这次周围的风景又不一样——与上几次的玉米田风光相比，这里全都是高大的树，就是吴均在《与朱元思书》中说到的"夹岸高山，皆生寒树"吧。当然这里既没有"岸"也没有"高山"，有的最多就是阿巴拉契亚山脉的余脉，但是那

树却真的有寒意的样子，一片墨绿色中还似乎带点蓝色。

虽然外面的景色也非常美，但是我最终还是有点厌烦了，就坐在车里织帽子，不知不觉睡着了。当Mike把我叫醒时，车子已经在一家Subway（赛百味）三明治店停下了。正好是吃晚饭的时候了，而我从没有在美国赛百味吃过饭，也想去见识见识呢。

走进店门，我立刻发现这儿与中国的店没有太多不同。也对，这样的国际连锁店大多是标准配置的。唯一显著的不同之处就是：这里几乎空无一人！值得注意的是，连锁店存在于各个高速公路的交叉口，人们每在高速公路上开十几英里就能发现一家。虽然这只是几千家店中不起眼的一家，但是所有的口味都可以提供。三明治里加的食材也可以随意换，每种食材0.5美元，由服务员亲自制作。有多种肉食和素菜供选择，甚至还有5种奶酪。Kelley的爸爸就选了一个12寸的经典牛肉三明治。我选了一个6寸的自制生菜牛肉三明治，并叫服务员烤热。一个热三明治真是美味啊。

大约八点半的时候，我们才赶到Kelley爷爷所在的医院。这个时候天还没有真正的黑下来。进入病房后，我发现Kelley的姑姑Ann也在。护士还错把我认成是一个二十岁左右的大学生，因为我和Kelley是好朋友，长得又比同龄人要高。啊！我满十二岁之后，这个问题似乎变得越来越显著……

由于天很晚了，我们大约在病房里逗留了不到半小时就走了。接下来我们要去附近的超市买东西作为明天的早餐。我买了几个李子（在中国大超市里经常称为布朗），发现根本不贵，几个（约一磅）才2美元，折合人民币大约13.2元。我还买了一些香蕉和白葡萄汁。Kelley的爸爸除买了一盒牛奶和一些麦片外，还买

图14-8　百货市场

图14-9　百货超市的巨大巧克力

了果汁夹心软糖。

　　最后我们回到了Kelley爷爷的家。今天，一周之前见过的Aunt Terry也要负责照顾Kelley的爷爷，并住在这栋房子里。因为要满足一大家人的住宿需要，我和Kelley直接躺在地毯上，睡在睡袋里。午夜十二点的时候我才躺下。今天累了一天，我很快就进入了梦乡。明天肯定又要晚起了吧？

7 月28日
看望Kelley的爷爷

    今天我起床的时候，一看手表，都八点四十分了。Kelley的姑姑Ann和另一位年纪更大的老奶奶都在屋里坐着，微笑着看着我。这位老奶奶就是Kelley爷爷的女朋友Kay。女朋友？！没错——两位老人原先的配偶都去世了，于是他们凑在一起过平平淡淡的日子，并没有打算结婚。

    今天我的早餐就是昨天买到的果汁软糖和李子，饮料是白葡萄汁。咬一口李子，果肉是鲜红色的，汁水也是红色的，真好看，不过就是要注意别弄在衣服上。我这次来美国，已经见到了至少四种颜色的李子——有淡红色的、金黄色的、紫红色的和黑紫色的。这真是完美地诠释了美国物种的多样化！

    由于昨天来得太晚，我还没来得及参观这栋房子，静下心来看的时候，我才发现这里有很多奇妙的东西。这里有全家每一代的画像——每张画像里都有父亲和儿子，一张画像时隔二十多年。仔细地看一看，画像里的容貌有几分相似，但又多少有些差异。这似乎是不少传统欧美家庭保留家族历史的方法之一。

我还看到不少拼图——有普通拼图、球面拼图、磁铁拼图，还有两三张拼图大约是由500块以上的小块拼接而成的，Kay将它们直接挂在墙上做装饰画。拼图的形状也不总是方方正正的——有三角形的、圆形的、梯形的等等。我猜，收集拼图就是两位老人的爱好之一吧。

厨房里也有许多小东西吸引了我的注意力。所有的瓶瓶罐罐上都有装饰，画的都是不同大小的白蘑菇。有些罐身也是蘑菇状的——其实，倒不如说罐子本身就是在模仿一只肥大的蘑菇。把蘑菇放在厨房里，真有种应景的感觉。厨房的墙上还有绣着小猫和小鸟的图画。虽然十字绣的图案并不复杂，但是特别可爱。客厅里有一个巨大的老式钟表，上面刻着罗马数字。看来两位老人的生活还真是蛮有情调的呢！

吃过饭后，我斜靠在沙发上织我的帽子，织累了就看看美国本地的综艺节目。上午十点的时候，Mike带着我和Kelley去看望爷爷。开车回家要四五个小

图15-1　蘑菇状容器

图15-2　古老的挂钟

时，想必这就是今天的主要计划了。

进了医院，我们来到等候室，在这里我遇见了很多Kelley的亲戚。他们凑在一起聊天，看起来，几乎所有在场的亲戚都为久别重逢而感到开心。我还看到了Kelley的侄子，上次在Ann的家里也见过，他仍旧是一副悠闲的样子，随随便便地在椅子上一坐，就开始玩PSP。

我仍然低着头在织我的帽子。Kelley的一些亲戚与我聊天，我试着用英语和他们对话。我努力地让自己的说话声音再大一点，更自信些；同时，我也得注意我的英语发音。如果有一天，我的英语能够和美国本地人一样流利该多好呀！

当他们问到体重这个问题的时候，我告诉他们我的体型在班里算是比较胖的。他们立刻惊讶地瞪圆了眼睛："你没必要不自信的，如果你算是胖，我们要算什么呢！"的确，美国有不少人患有重度肥胖症，但他们还是以自己的方式快乐地生活着，每一天都以自信拥抱这个世界。我真应该从他们身上学习这种自信的态度！

大约20分钟以后，等到Kelley的父辈亲戚们探望完毕，Kelley和我才被允许进入病房。相比于昨天，Kelley爷爷的病情看上去已经有了起色——虽然血压偏高，但他的心率稳定了下来，比昨晚的数据要好一些。Kelley的爷爷还和我说："nice to meet you."本来我想与他握手，但是考虑到他的身体状况，护士婉拒了我的请求。

看望过Kelley的爷爷后，Kelley一家又与亲戚们聊了好久才走，毕竟对于从美国各州赶来的亲戚们来说，这怎么说也是个团聚的机会。他们谈了好一会儿，聊了不少家里的近况，才依依不舍地互道再见。Kelley看上去也更想和表姐再聊一会儿。

这样，我们离开医院的时候已经是下午两点了，这时我们决定去必胜客吃饭。

虽然是快餐店，这个必胜客比我想象中的要精致多了，也许是因为它在城市中，不是那种为高速路旅客准备的"标准配置"。这里的装饰别具一格——墙上各种旧烤盘记录了必胜客发展的历史；墙纸是traffic jam（交通堵塞）的画面，还有大大的实体红绿灯。墙上还贴着不少海报，有必胜客近期活动的海报，还有各种旧海报，例如20世纪80年代的John Denver[①]演唱会海报。

图15-3　必胜客里的红绿灯

图15-4　必胜客的广告

我们四个人点了一个12寸的披萨——一半是原味的，一半是意大利香肠的。Kelley点了一大份蔬菜沙拉，她的爸爸还为我们四个人点了20块鸡块。我终于明白美国人发胖的原因了——比我们吃得还夸张的美国人大有人在。又到了大快朵颐的时刻——我们也都饿了。但是，即使是已经饥肠辘辘，我还是依然比较注意用餐礼仪。不过，坐在我们旁边的食客恐怕不是这样想的：有一个八九岁的"小胖

①即约翰·丹佛（1943—1997），美国著名乡村音乐歌手。

墩"，正在大嚼着肉味披萨，他的爸爸正在吃鸡翅。在我们等菜的时间里，这对父子已经把他们面前的食物吃得连渣都不剩了。临走时，小男孩还舔了舔盘子。天啊！我暗暗惊叹。也许我们都应该向他们学习节约粮食的习惯呢，是不是？

很快，我们点的披萨和其他一些东西都上桌了。服务员还送我们每人一杯冰水。在美国的正统西餐厅里，面包和黄油是免费的。到了夏天，除了快餐厅，所有的餐厅都无限量供应冰水。因为用的都是品质优良的奶酪，这里的披萨确实味道不错，奶酪丝也可以拉半米长。我们狼吞虎咽地吃掉了披萨和鸡块。我不太喜欢吃沙拉，但我还是把黄瓜、西红柿和生菜全都吃掉了。

果不其然，回家又花了很久，到家已经是晚餐时间，但由于今天没怎么活动，我并没有吃晚餐的打算。我打算赶制我的帽子，接下来我要做的就是给帽子加绒球。

根据网上详细的制作方法，我也来试了试，结果获得了意料之外的成功。用硬卡纸做2个像甜甜圈一样的纸环，要求宽2~3厘米，中间留一个直径1厘米的洞；接下来就用毛线来回进出小洞并缠在纸环上，最后纸环被缠满的时候用毛线在中间打个结。把缠在纸环上的毛线整齐地剪断，绒球就做好了。我把绒球系在帽子上，试着戴了一下。我看上去有些幼稚，但是我自认为织得还是不错的。我把帽子挂在床头，晚上九点半，准时熄灯，睡觉！

7月29日
去打"迷你高尔夫"

　　我早就对mini golf^①（迷你高尔夫）有所耳闻，也从我的不少朋友那里听说了他们和外国小伙伴玩mini golf的经历和乐趣。猜猜今天Kelley要带我去做什么？当然是去打mini golf！

　　大约九点，我们就从家里出发去球场了。我在路上又看到了一群奶牛——来到这里以前，我已经看到奶牛好几次了。地理书上讲，这里是乳畜带，畜牧业发达，因为冷湿气候适合牧草的生长。现在我真正来到了这个地方，感觉对书上的知识有了更深的理解。在这里，天天都能看到书里才有的风景画呢！

图16-1　奶牛

---

　　① 迷你高尔夫，一种风靡美国的亲子类运动。其玩法和高尔夫球推杆相似，共有18洞，但是场地比真实的高尔夫球场缩小了不少，每一"洞"（或是关卡）都设置了有趣的障碍。

　　这次不像前几次的长途旅行，才过了半小时，我们就到了球场。我们先进入了一个"售票处"——其实，这更像一个高尔夫装备旗舰店，里面有各种专业和非专业的高尔夫用品——球杆、手套、球帽、球衣、球裤，还有高尔夫球等等。票买好了，领了球杆，服务员微笑着让我和Kelley去球场各挑一个球。"球有什么好挑的，不都是白色吗？"我很疑惑。

图16-2　高尔夫销售店

图16-3　多彩的高尔夫球

　　走到球场的时候，我才知道这里的球有好多颜色。一排一排摆在前面的是红色球、黄色球、绿色球、蓝色球、紫色球、黑色球、斑马纹球，还有印有美国标识的白色球。后面一排还有粉色印花球，黄绿色渐变球，蓝色海浪球……我的眼睛都看花了。奇怪的是，真正纯白色的球却很少。我猜，球场使用不同颜色的球除了增加乐趣以外，也是为了分辨不同玩家的球。

　　由于带有花纹的球要另外收费，我们就不再考虑这个问题了。我挑了一个紫色的，Kelley挑了一个绿色的。我们开始打球了！开球之前，我们领到一张黄色小卡片和一支铅笔，

可用来记录每个人的成绩。我们
走到第一个洞前面，把球放在开
始的位置。

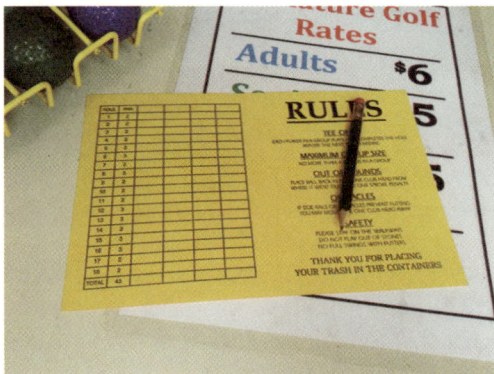

图16-4　记录分数卡

　　我先打第一杆——打到了一
个不错的位置，离球洞很近。但
是Kelley打出的第一杆位置更近。
第二杆的时候我把球推进了球洞。

不错！我们俩第1洞的成绩都是2杆。结果，"好景不长"，打到第5洞的时候我就
开始遇到麻烦了——由于是个弯道，我的球偏离了理想轨道。加上打球技术不太
好，就这样，我的球离目的地越来越远。这一洞我竟然打了6杆！唉，这样下去
可就不好啦！

　　当然，越往下，想要打进球洞
就越难。在第10洞和第11洞处有一
座小桥，桥面是用木头做的，比较
窄。底下就是水塘，虽然不深，但
是想要捡球也是比较难的。我闭上
眼睛试探地打了一杆——球飞到了
对岸！我暗暗感到惊喜。最后，第
11洞我打出了3杆。我的成绩开始
好转，但已经被Kelley远远地落在
后面了。

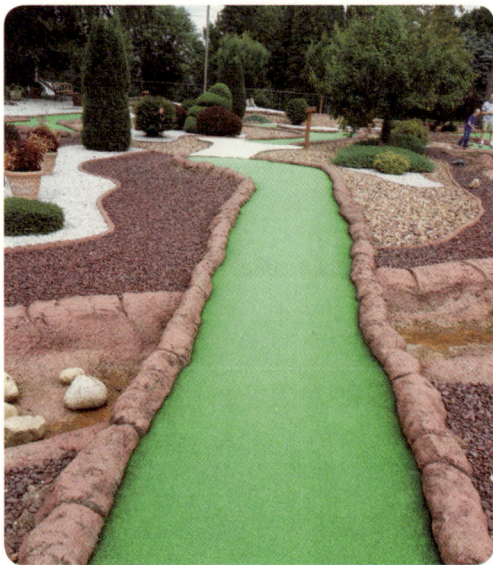

图16-5　迷你高尔夫球场

接下来的几杆都比较容易，但是17杆可真是一个难题——在地平面的上方有一个30厘米高的小圆台，球洞就在圆台的正中心。这种情况想要把球打进球洞，不仅需要恰到好处的力气，还需要对角度的准确判断，一点点偏差就可能前功尽弃……这些不仅需要一点数学家和物理学家的头脑，还需要对情绪的把握。

一开始，天真的我以为一点点运气就足够了。我又一次闭上眼睛打了一杆：这一次幸运女神没有站在我这边，球不仅没进，还飞了出去！幸好，它只是飞到了旁边的一堆石头旁边，而不是水池里，这样我就不用再去买一个球了。我把球捡了回来继续打，然而接下来的6杆都没打中，最后我的成绩是8杆。Kelley也一样被这个球洞所困扰，她打了7杆。这个成绩真的好惨啊……

在把球打进第18号球洞的时候，球掉进了球洞里，不能再捡回来了。掉进去的球会直接被回收利用，也避免某些贪便宜的人再打一次球。终于打完了18个洞，我一共打了94杆，Kelley打了68杆。对比一下Kelley和我的成绩……唉！看来，要打出好一些的成绩，还需要多多练习和更平稳的发挥呀！

走出球场的时候，我看到有人在卖冰激凌。我对冰激凌不是特别感兴趣，但是牌子上的冰激凌的口味一个比一个奇怪，有很多我都不认识。第一个冰激凌口味是"rocky road"（滚石之路）。这个我见过，就是把巧克力冰激凌里掺上各种果仁，但是后面还有什么"hot kiss"（烈焰之吻）、"firecracker"（礼花）、"sunburned"（晒伤）这样名字的冰激凌。

走上前，才明白"烈焰之吻"就是草莓冰激凌加了一些果酱；"礼花"就是原味冰激凌掺了各种装饰糖果，有七彩的颜色；而"晒伤"其实就是橙子味冰激凌里面有几小块香蕉。虽然这个小商贩卖的都是很平常的冰激凌，但是不得不承认他做的广告实在太吸引顾客的眼球了。首先注意到它的一定是小孩子们，有些年轻的父母也会跟着感到惊奇，就这样买下冰激凌。好聪明的商贩……

接着，我们又去了Giant①购物。这是个连锁大超市，而它的名字本身的意思就是"巨大"。这个名字记起来真容易！在这里我又见识了不少在国内很少见到的东西。这里有很多彩色的锅，连锅底都是彩色的。这样的锅用久了不会有问题吗？我不禁默默发问。不过，当我看到这里"吸睛"的手工用品时，就顾不上思考锅的使用寿命了。

在这里，各种主色的纸都有至少一百种，也有很多风格供选择。不过我觉得这里的丝带才是真正的亮点——几千种丝带，长的、短的，宽的、窄的，大的、小的，竟然还有斑马纹和豹纹图案的！这些丝带用途就更多了——可以用来装饰礼物，制作各种手工，甚至可以用来当做麻绳绑袋子。我好想全部买下啊！不过由于行李箱的容积不够，我只选了两款：一款是银色带有白色花纹的，一款是宽式草绿色配白色波点的。现在我身边有很多同学都喜欢扎波点色加蝴蝶结的头绳，这样我就可以自制一个了。

丝带旁边的就是花布，我想会有很多美国人买来做衣服。花布款式的繁多也绝不亚于彩纸，

图16-6 花布货架

---

① 全名为Giant Food Stores（Giant食品超市），在美国北部是有超过200家连锁店的大型超市。

而且每种花布的质感不同，给人的感受也有差别。

逛了好一会儿，我们才开始进入Giant的主体——食品超市。我先看到的是一些罐头食品，其中有很多是英国烤豆。我还看到了一种叫做"Hamburger soup"的罐头，原来是各种蔬菜配牛肉丁。逛了一会后，我看到了各种水果、蔬菜。这跟第一次去美国大超市的场景不同，但给我的感觉却是一样的：眼睛要看花了！看到这些植物，我感受到了杂交食品的强大气场，哈哈！一般来说，油桃是圆球状不带毛的，蟠桃是扁的。这里有一种"蟠油桃"，既保留了蟠桃的形状，又加上了油桃的外皮，真是新奇啊。此外，还有小胡萝卜和小卷心菜，小青椒和我的鼻子一样大，小玉米就像我的一根手指头一样长。走到点心柜台的时候，Kelley买了一包黑麦点心。它是用黑麦磨粉做成面粉棍，再烤制而成。它虽然看起来不诱人，尝起来却是香香脆脆的呢！

我们走到面包区的时候，看到了满冰柜摆放得整整齐齐的各式冰冻披萨，有不少年轻人买来吃。面包的种类也很多：有白土司、全麦吐司、黑麦面包、蒜香面包、小餐包、牛奶面包、汉堡面包……如果每天来买一种面包的话，一个月也不会重样的。这里还有一个简单的快餐厅，为人们提供便宜的午饭和晚饭。在美国比较流行的一种三明治是"BLT"，意思是三明治里有bacon（培根烟肉）、lettuce（生菜）和tomato（西红柿）。我曾经也去买过BLT，觉得味道很不错。

这里还有一种食品叫做bagel（贝果圈），就是我们在中国见到的甜甜圈的面包部分。不过很少有人只吃面包部分，通常美国人吃的时候会把它拦腰切断，在里面涂上各种酱。有人会在里面夹上火腿、生菜和其他馅料，是一种相对健康的快餐。还有一种三明治与它性质相同：牛角包三明治。它的做法也是把牛角包拦腰切开，在里面加上各种自己爱吃的东西。总之，来到美国之后，我觉得快餐的选择几乎比任何其他国家都要多。

我们在家简单吃过了晚饭就休息了。距离上次采摘莓子已经过了一个多星期，黑莓就快要成熟了，明天我们又要去采摘了。

7月30日
首饰DIY和黑莓采摘

今天上午，我们没有什么开车外出活动的安排，Kelley就决定在家教我做手链。从我们认识开始，Kelley就经常佩戴DIY的首饰，我都有点眼馋了，嘿嘿。所以说，我早就想学这门手艺啦！

她先拿出我们需要用的工具：首先是一卷软软的但是很有韧性的银色的丝——可不是真正的银制作出来的！它看起来有点像塑料，又有点像金属，是用来连接珠子的。还有用来切断"银丝"的剪刀和一个用来使cream bead变形的压制工具，看上去就很专业的样子。另外，有一套铁环装置可不能忘记，它像是"开关"，安装在手链和项链的末尾。所有准备工作都做完，这样我就可以开始制作首饰啦！

"现在我们要开始做手链了。"Kelley说。"首先剪断银丝，剪到你需要的长度。然后在上面串一个cream bead和一个铁环。把银丝弯曲套住铁环，然后把丝插回到cream bead里。这时用这个，"她举起那个压制工具说，"把cream bead用压制工具压扁，这样铁环就可以牢牢地固定在银丝里了。现在你就可以在里面一颗一颗地穿珠子了！不过要注意，把cream bead压扁之后会有一段银丝留在外面，所以第一个珠子尽量选择孔比较小的珠子，这样银丝被收进去，就露不出来了。"

Kelley还把她的"珠宝盒"也拿了出来，并且说我可以随便用。她的珠宝盒特别大，里面的珠子也有所不同：有大的珠子，大概是从旧项链上拆下来的；有批发的塑料珠子，什么颜色都有；还有的是专门去买的仿玉珠子和珍珠；另外还有一些小珠子和好几种颜色的cream bead，都放在可爱的迷你罐子里。

第一次做手链，我想给姥姥做一个。于是我选用了一些紫色系和黑色系的珠子，里面还用了白色仿真玉珠子调和，看起来还真有点典雅的味道。要收尾的时候，我又按照开头的方法做，完成了我的手链。哇！我觉得我已经要成为一个入门级的设计师了，真希望姥姥能喜欢我的作品。

接下来我问Kelley有没有其他的什么可以做。"你学会了做手链，那项链也是一样的道理哦！这样，我就来教你下一项内容——耳环制作吧！"她拿出一卷细铁丝，这铁丝摸起来比银丝硬多了。我挑了两颗大一些的白色青花瓷珠子和一些小青花瓷珠子，拿铁丝先对折，然后把铁丝顺着珠子的孔插进去再穿出来，把铁丝紧贴在珠子上再牢牢地固定在耳环的钩子上面。大功告成！Kelley为我演示了第一只耳环的制作方法，我就照着做了第二只，看起来确实很漂亮呢！

Kelley见我学得比较快，就又教我做了一个"墨镜项链"。这种"项链"可以把墨镜固定住，墨镜一直挂在脖子上就不会丢了。Kelley说，项链的制作方法和手链一样，只是这种项链需要多一个工具。她拿出了一个黑色的像头绳一样的东西，只不过材质不一样，也比较紧，更能固定住一副墨镜的腿。这次我挑了很多颜色的珠子，看起来也比较鲜亮。做这个项链可耗费了我不少珠子。但是看到我的墨镜挂在上面很不错的样子，我也感觉心满意足了。后来，我还做了很多手链：有名字手链，字母表手链，还有平时可以戴着出门的实用手链。我还做了一条彩虹色的糖果手链，并给它拍了照发送给妈妈。妈妈表示，我都可以把它卖出去赚零花钱了！ 我又学得了一门好手艺——制作出的饰品又实用，成本又低，真是一举两得呀！

下午，为了让我见识不同种类的莓子，我们又提着篮子出去采摘黑莓。其实，这个时间还不是黑莓最好吃的时候。唉！真希望我还能在这儿能多住几天……

黑莓长在小丘后面，有些隐蔽，我们走了好一会才发现了熟透的黑莓。熟透的莓子是紫黑色的，里面不带一点点的红色，的确是要花一段时间才能长成的。所以虽然黑莓普遍比较酸，当它们变成黑色时却是很甜的。我也偷偷摘了一个红色的莓子尝了尝，简直比柠檬还酸。这个时候，还有80%左右的黑莓是青绿色的。看来我是不能在Kelley家待到这些莓子成熟了，但是在市面上却有一盒一盒的新鲜黑莓出售。

我第一次摘莓子时见到的野草莓现在基本上都被晒成了莓子干，所幸我最爱吃的树莓还有很多。我赶快又采摘了一些树莓。尽管已经摘了很多，我还是为那些干掉的野草莓感到惋惜。不过，Kelley在第一次带我摘莓子的时候就说过，每年都不能把所有的莓子摘掉，否则第二年的莓子就不会长得太好。摘了半篮子，我们就收工了。我们把所得的莓子放在一个袋子里冰冻起来。莓子的皮很薄，细胞组织也极容易因为冰冻而被破坏，所以从冰箱里再次拿出来的莓子一般都是果酱或果汁，很少再能看到"生命力顽强"的果实能够一直保持形状不变。这样倒也不是没有优点：做果酱的时候，我们就不用费太大力气把莓子捣成汁了。

今天我们收获了很多莓子，Kelley说要带我准备明天去伊利湖的点心。于是我们从冰箱里拿出了苹果、香蕉、蜂蜜、黄糖、柠檬汁，还有饼干屑等等。另外就是我们今天摘的莓子。不要感觉奇怪哦，饼干屑是一种独特的配料，并不是人们吃剩的饼干。将它放在点心里，会增加点心的酥脆感。

图17-1　糖和奶油

图17-2　点心原材料之水果

图17-3　搅拌过的水果

图17-4　烤好的点心

　　"不过我们今天到底是做什么点心呢？"我很不解。"那我就展示给你看咯！"Kelley把苹果和香蕉切片，然后把所有水果和柠檬汁倒在一起搅拌。很快苹果和香蕉上就沾满了红色的果汁，因为莓子很易碎，果汁经常被挤压出来。然后她把蜂蜜、黄糖、饼干屑和黄油倒在一起搅拌，这些混合物很快变成了很黏的糊状。值得一提的是，这里的蜂蜜是固体的，我看了看蜂蜜罐子，上面还有提示——蜂蜜可以涂在面包上。

　　我们在方形烘烤模具的内部先抹了一层黄油，然后在底部铺上水果，最后铺上了厚厚的一层面糊。我们做的水果混合物太多，差点让面糊溢出了烤盘。不过面糊溢出来并不会影响成品。20分钟后点心就烤好了，稍微凉一些的时候Kelley把它连烤盘一起放进了冰箱。

　　因为最近吃了太多油炸食品和甜点，我们今天都没有胃口吃晚餐了。我待在房间里写作业和喝水，Kelley则和Jeannette微信交流。玩了不一会儿，我们就休息了。明天又将是个大晴天，起个大早去伊利湖欣赏风景一定会很好玩吧！

7月31日
美丽的伊利湖和牛仔比赛

　　今天我起得很早，因为上午我们就要去壮观的五大湖之一——伊利湖参观了。伊利湖还被美国和加拿大的分界线穿过，是个很重要的地理分界线。我这次来到美国这么多天，参观了不少博物馆，去了不少有趣的地方，也吃了不少新奇的美食，但是要说参观自然胜景，这还是第一次呢！

　　吃过早饭我们就开始收拾要去伊利湖野餐的东西了。Kelley找出一条天蓝色的野餐布，上面有金黄色和深紫色的花纹，颇有波西米亚的风格。我们还带了昨天做的水果糕。Kelley把它们都装在一个卡其色的野餐篮里，还真是有野餐的感觉了呢！

　　开向伊利湖的路和以前我们走过的都不同。路上我们路过了一个卖黄瓜的小摊，这里的黄瓜粗得像胳膊，看样子是农民伯伯自己家种的天然无公害黄瓜。这里还卖新鲜的黑莓。路过一个牧场，我还看到了十多只小羊驼正在吃草。这其中有五六只棕黑色的，六只白色的，一只咖啡色

图18-1　羊驼

图18-2　小三明治店

的，还有一只是白色和棕色混合的，它们正抬着头看我。

买了黄瓜，我们继续又向前走。前面有一家叫做"Corner Deli"的小三明治店，我们进去买了两个三明治。我要了一个火腿奶酪三明治，Kelley要的还是素食和沙拉。这就是我们今天的午餐了。Kelley又买了一块德芙巧克力，我也跟着买了一块大饼干。对我来说，巨大的热巧克力饼干都已经快成为美国美食界的象征了！

我在这里的柜台上看见了大得像板砖一样的蛋糕和一些方方正正、棱长大约20厘米的American cheese（美国奶酪）。接着，我又花2.5美金买了一大包薯片，是Cape Cod[①]的Kettle Cooked Chips[②]。Kettle是茶壶的意思，难道这薯片要放在茶壶里炸？！我有点不解。不过，Kettle Cooked Chips有种独特的口感，吃起来更香脆，据说还比普通薯片更健康。

---

① 美国比较有名的薯片品牌，其经典薯片是Kettle Cooked Chips。
② 一种油温较低的油炸薯片。

　　车子在高低起伏的路上行驶，人坐在车里，好像是在减速的过山车上一样，但是沿途的风景更加优美。在一条路的拐弯处突然跑出来一只鹿，在路上出现了两秒后又消失在绿树丛里了。我还没有回过神来，Kelley又说道："为了保护动物的栖息地以及它们的生命安全，在树林里开车车速必须要减缓，否则，撞死野生动物是要罚款的。这里曾经还有不少老鼠、松鼠跑出来，也有松鸡和火鸡。有的时候，甚至蛇和臭鼬都会窜出来，让人措手不及。"

　　我感觉有些惊讶，但因为已经在美国住了一段时间，也没有像以前那么惊讶了：环境保护得很好，这些事情也不足为奇了。我还记得在澳大利亚旅行的时候，和爸爸妈妈走在街上，还碰到一只被车碾死的树蛙——它的肌肉是淡红色的，皮肤湿漉漉的还是鲜绿色的。我们一家人都被吓了一跳。不过后来想想，在凯恩斯那样的热带雨林气候区，树蛙很多，一不留神在马路上迷路了就有可能惨遭厄运。

　　在美国的乡村开车或许永远不需要担心堵车的问题，又走了整整20分钟，周围的车才渐渐多起来，不过也就是从几分钟内见不到车变成了每分钟平均看到一辆车。为什么车渐渐多起来了呢？Kelley的回答是，因为我们已经进入伊利湖公园景区了。有一块小木牌立在显眼的地方，上面用白色的花体英语写着"伊利湖公园"，看起来好唯美。Kelley把车开进了露天停车场——其实也就是几个小停车位——发现那里已经有两辆车等着。从车上下来两个小孩子和他们的父母，都穿得很清凉，也是来这里野餐的。

　　从车上下来，整个山坡都是鲜嫩的绿草。山坡最低处是大树，而大树后面是一片蓝色的东西，大得像海一样，我简直不敢相信那是伊利湖。我试着使劲往远

图18-3　伊利湖

处看，但怎么也看不到边。对面的房屋和树丛就是属于加拿大的，但我什么也看不到。这可是五大湖中比较小的一个湖啊！那五大湖中最大的苏必利尔湖会有多大呢？我简直不敢想象了。也许，只有在飞机上才能看到它的全貌吧。

在看了几分钟美景后，我们开始吃午餐了。高达100华氏度的气温让我有些不适应，幸好Kelley拿了冰冻饮料。当然，我们也完全不用加热三明治了。拿出巧克力的时候，我们才意识到巧克力已经全部在高温下融化了。Kelley急中生智，把巧克力从包装中挤出来，当作巧克力酱挤到饼干上吃。虽然看起来并不是很漂亮，但吃起来味道还真不错。

好好地享受了这顿野餐，我们把东西收起来，Kelley带我去看"涨姿势"的伊利湖知识公告。离我们这个位置大约20公里远的地方就是美国与加拿大的国界了。我望着这水天一色的壮美景象，深感人类的渺小和大自然的伟大。来到这样的地方，想不惊叹都难！

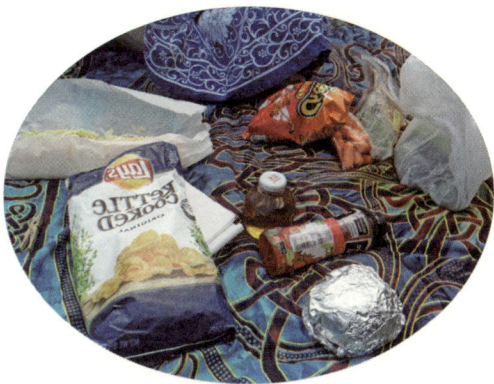

图18-4 午餐

回到家时已经下午三点半，本来想早点吃晚饭，Kelley的爸爸回来带给我们一个惊喜：他买了四张Rodeo（牛仔比赛）的入场券，准备邀请我们同去。这样的机会真是求之不得啊！我当然是很兴奋地答应了。

经过45分钟车程，眼前的风光又变得和印第安土著表演时的光景极其相似。走过停车场，我先看到一块大石头上刻着美国国旗，下面写着since 1944（始于1944）——这已经快是老字号了呢。我们进了场地再向前走，看见了很久之前人们使用过的车子——每一辆的块头都那么大，看起来非常高端大气上档次。然后，我看到的是特卖场——多得成堆成堆的牛仔帽，有传统的黑帽、褐色帽和米白色帽，还有一些加了可爱的装饰，一看就是为女孩子准备的。我也试了几

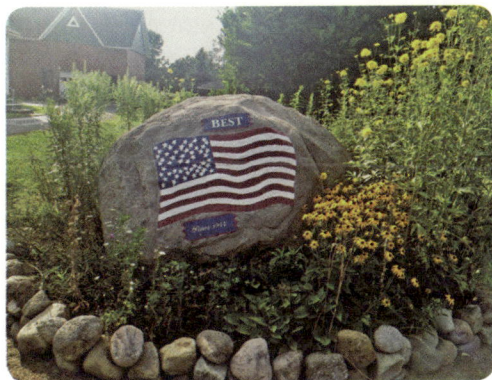

图18-5 Rodeo 石碑

147

个，看起来都很不错呢！此外还有什么皮带啦，皮绳啦，牛仔裤啦，甚至连缰绳都有。这简直不是骑牛比赛，而是赛马了。

特卖场的帐篷里有许多动物模型，做得既逼真又可爱，让我都想买几个带回去了。撇开"一般常见的动物"不谈，这里有雪豹、熊猫、豺狼，还有浑身毛茸茸的仓鼠、喝啤酒的猫、躺着的马等等。这里还有各种乡村非主流风格广告牌，虽然用不上，但是拿回家做装饰也是一个不错的主意。

如果说牛仔比赛场地卖动物模型还不稀奇，那么让我没想到的是，这里竟然还有"洋娃娃"卖——一个个要么穿着打扮酷似小贵族，要么就像是爱斯基摩人和印第安人的后代。这里还有各种鼠标垫——看上去，它们的设计师一定想象力极其丰富。其中一个鼠标垫上画的是几匹白色的马在"腾云驾雾"，这不就是"神马都是浮云"嘛！这里不像是一个牛仔比赛场地，反而更像是一个游乐场或小商品街。这怎么和Chautauqua Fair又有些相似？

图18-6 果汁蜂蜜棒

在这些帐篷搭起的临时卖场又逛了一会，我们就去吃饭了。晚餐非常丰盛：有玉米面包、烤牛肉、炖蔬菜、玉米和黄油，外加牛奶一盒。吃完晚饭我们又去买小零食：果味蜂蜜棒！六根只要2美元，特别便宜，于是我就挑了几种加了酸味果汁的蜂蜜，有酸樱桃味的，有青苹果味的，有柠檬味的、橙子味的、草莓味的，还有葡萄味的。这种蜂蜜的吃法是把棒棒咬开，然后吸着吃。之后，我们四人就到观众席上等待比赛开始。这时还有人来推销snow cone①，我还从没吃过，于是就买了一只青柠味的尝了尝。

结果，它却让我非常不满意；上半部分几乎没有味道，吃到最后，我猛吸一口绿色果汁，结果甜得要命，根本没有酸味。我一气之下把还没有吃完的扔进了垃圾桶。

过了不久，比赛就要开始了。仪仗队骑着马绕场一周，然后一位穿着蓝色的骑士服的金发女郎骑在马上讲话。在她讲话的时候，马突然开始撒尿，观众席上发出了哄笑声。不过这点小插曲并没有影响到整个比赛流程，接下来就是各国选手举着本国国旗和广告商旗帜绕场数周。我把头转向了观众席，只见不少人带着不同颜色的草帽，还有很多小姑娘扎着两根辫子，看起来真像小牛仔。

等了好一会，比赛终于拉开帷幕，首先上场的是骑马的男孩子们。要在不从马背上摔下来的前提下尽快地绕场一周，看起来并不是那么容易。而且，为了增加难度，他们骑的都不是自己的马。不少选手都从马上摔了下来，但是最快的一位用了8秒多就完成了比赛，这真是"大写的"令人惊叹！

第二个上场的就是骑牛比赛。牛的性子可比马烈得多，所以这个比赛只要求选手尽可能长时间地呆在牛的身上。这次的最高纪录是12秒多，有些人还没过0.8秒就被甩了出去。这个游戏可真是残酷啊！

牛仔们的竞赛结束了，接下来还有牛仔女孩的比赛：女孩子骑着自己的马，

---

① 将糖浆淋在碎冰上制成的刨冰，通常放在形似圆锥体的纸筒里销售。在美国，snow cone经常出现在大型集会或活动上，作为小吃售卖。

图18-7　牛仔比赛开幕式

绕过三个障碍物回到起点。这次好像没有人摔倒了，但是有一些选手碰到了障碍物，要加三秒。有一个女孩在10秒之内就完成了比赛，夺得了冠军。

图18-8　奔跑的马

图18-9　小孩追牛游戏

最后一场比赛也是最有趣的比赛：请所有现场的小朋友来玩"斗牛"赛！比赛规则是这样的：小朋友们只要抓住牛尾巴上的黄绸带，就可以拿到5美元奖金。主持人把孩子们按年龄分为3组，年龄越大牛场里的牛越多，但黄绸带只有两条。看着一大群小孩子在场上跑，我感觉心情也放松了许多。Kelley还问过我要不要参加，但我突然有种感觉：我还是小孩子吗？

回去的时候，天已经完全黑了下来。明天妈妈就会抵达水牛城了，可是我却不知道是该高兴还是该伤感呢。马上就可以见到妈妈，但是这也意味着我在Kelley家的暑假也所剩无几了。总之，我要珍惜接下来的每一天！

8 月1日

与妈妈一起住家庭旅馆

也许是因为昨天玩得太累，我今天又是到了九点才起床。吃了点简单的早饭，喝了点剩下的西瓜汁后，我就在家里写作业。今天上午很空闲，但我一点不觉得无聊——因为下午妈妈就会抵达水牛城机场了。

上午11:30，我和Kelley乘车去机场。我们先在Arby's叫了餐，然后在车上吃。我们在机场等了半个小时后，下午一点整，妈妈从机场扶梯上走下来。她穿着一身白色的衣服，看起来年轻了好多！最重要的是，妈妈这次瘦身太成功了，和我简直形成了鲜明的对比。

妈妈把行李搬上车，和我一起坐在了后座上。途中，妈妈和Kelley一直有聊不完的话题，而我一个人坐在车窗前看着风景。车子路过一个当地农场小小的水果摊时，妈妈提议停车去看一看。我们跳下了车，走向水果摊。这里

图19-1 水果摊

摆放着新鲜的莓子和李子，还有成筐成筐的鲜桃。妈妈非常喜欢那些硕大的黑紫色莓子，但是我认为这里的李子更加夺目，有大的，小的，金黄的，紫红的，都透着一种鲜嫩的红色，简直像挂在圣诞树上的彩球。

这个水果摊还有自制果酱出售，有草莓酱、树莓酱、蓝莓酱、黑莓酱、野草莓酱、苹果酱、李子酱、桃酱和杏酱。这摊主家一定有个果园吧！最可贵的是摊主还用各种精美的玻璃罐子封好了这些酱来出售——罐子上盖着红白格子布，罐身还贴着与果酱口味相符的装饰画，真不知道是果酱更好吃还是罐子更美了！妈妈本来想买两瓶带回家享用，但是想到旅途漫长，并且行李箱已经满了……无奈，还是放弃了这些诱人的果酱。

逛完水果摊，我们又要奔赴下一个景点。走了大概20分钟，我看到一块牌子上写着"LILYDALE"。Kelley介绍道："这名字原本是两只天鹅的名字，一只是Lily，一只是Dale。这个地方是为了纪念两只神天鹅的悲恋而建立。"

Lilydale和Chautauqua Institution有点相似，每年夏天也有不少人来这里度假。一辆绿色古董老爷车停在路边，脱线的年代感却也和风景融为一体。把这里当作婚纱摄影基地，一定会拍出特别唯美的照片。

这里处处都像天堂一样美——这可不是单单的形容词，而是我真实的想法哦！蓝色屋顶、纯白墙面的别墅前种着大片大片的白色雏菊；纪念品店散发着迷人的香味，每个小纪念品都很精致；无论在哪里，都能看到唯美的路牌旁边有彩色的野花；这里的湖中央还有个亭子，专门为看风景的人设

图19-2　墨绿复古汽车

图19-3 和Kelly在湖边

立。平静的湖面上不时有微波泛起，倒映着绿树丛、蓝天，给人以一种醉人的对称美。我还看到有几个孩子在湖里游泳。Kelley笑着说："我们明天可以在湖里游泳哦！我小时候也是这样和朋友在湖里玩的。"

Lilydale的纪念品店有很多好玩的东西：天使形象的金橄榄枝吊饰，各种童话公主塑像，心形小挂饰，挂在墙上的白花盆……我想，如果天堂里的众神也有各自的房屋，里面的家具一定和这里的相差无几。就连纪念品店的明信片的设计都恰如人意，妈妈赶快买了几张收藏起来。

在Lilydale玩到了傍晚，现在我们该去订好的家庭旅馆了。这是一个很美的双层别墅，旁边还有养马场。这所房子处处可见到马的形象：门上贴着的是马，门牌上画的是马，就连风铃都是马的形状。进门处有摇椅可供人休息。我们按响了门铃，出来迎接我们的是一位胖胖的友善的阿姨，穿着碎花短袖衫和长裤，大约五十岁。她叫Margo，是这个旅馆的主人。听说Margo和我的英文名字Margaret还是同根词呢！

图19-4 景区纪念品店

询问了我们的姓名后，Margo在楼梯处的小白板上写下了"Pamela/ Margaret-China"①。一进门，我就发现这家家庭旅馆的主人品位很不一般：她在各个地方

---

① 意思是来自中国的Pamela和Margaret。Pamela是妈妈的英文名，Margaret是我的英文名。

图19-5　特色礼品冰箱贴

都安放了令人意想不到的装饰品，让我有一种惊喜的感觉。她的客厅里有一个大钟，四角都摆放了可爱的塑像，壁橱里摆的是成套的淡色七彩盆盆罐罐，餐巾纸是彩色的，厨房里的小钟表是一只咖啡壶……这些东西听起来很杂乱，但是看起来却有一种恰到好处的美感。Margo特别喜欢钟表，她的客厅里至少有4个钟表。

在Margo的旅馆里有四个房间，每个房间的门上都挂着一幅主色调不同的绣花作品，上面还绣着房间的名字。我们住进了"Ariel"——听说这是Margo养的小母马的名字。它是个小屋，但是装修却很漂亮：黄色的壁纸，温馨的七彩床单，小巧可爱的卫生间，还有个白色小书桌，看起来特别清新。再仔细一看，我才发现，墙纸上有马的暗纹，墙上挂的钟表的背景是一匹黑色的马，就连卫生间的毛巾上都印着马的图样。Margo是有多么喜欢马呀！

今天只有我们两人住在Margo的旅馆，征得她的同意后，我们也参观了旅馆里最大的房间。大房间的装修风格又不一样了——窗帘和床单上都是古典风的大花，又奢华又不俗气。大房间还有个院子，里面有两把大椅子，软软的，可以躺在上面。在我们

图19-6　小灰猫

休息的时候，Margo的宠物猫跑到屋里。这是一只灰色的猫，身上有斑马的纹路，眼睛像玻璃球一样透明。它趁着妈妈和Margo聊天的时候，窜到我们的床上躺着，看起来真舒服呢！

稍休息了一会，我们就和Kelley一起去吃饭啦。Kelley这次带我们去了一家美国乡村餐厅。我点了一份鱼和薯条，Kelley点了沙拉和一些薯条，妈妈点了鸡肉沙拉和薯条。——呃，不要问我们为什么都点薯条，美国的手切薯条很不错，和大拇指差不多粗，又是用新鲜的植物油炸得外脆内糯，比快餐店的薯条不知好吃多少倍。

同样的道理，炸鱼也很好吃：面糊皮又脆又薄，炸得很香，似乎是加了啤酒。这道菜采用的鱼是新鲜的haddock（黑线鳕），鱼肉白白嫩嫩的，完全没有被炸过的痕迹，就像是蒸鱼一样鲜嫩软滑。盘子一旁有两碟酱，一碟番茄酱，一碟白酱。白酱的味道很奇怪，像是加了醋和蛋黄，还有些绿色的basil（罗勒）叶。妈妈蘸了酱吃薯条之后大赞酱料的味道。

吃饱喝足之后，Kelley建议来个甜点。我要了一份布朗尼蛋糕，妈妈和Kelley合吃一份桃子布丁。这种桃子布丁可不像平时见到的焦糖布丁那样弹弹的，而是一种像派一样的点心，上桌时通常还是热的。用勺子挖出来之后，会看到它像蛋糕一样，只是比蛋糕软了一些，稀了一些，一般配冰激凌吃。我的布朗尼蛋糕端上桌时还是热的，里面有核桃，完全满足了我对甜点的欲望！

回到旅馆以后，我在客厅里写作业，热情的Margo竟然为我端上了一大盘水果，有葡萄和李子。我舒舒服服地写完了整本作业，心里感叹着Margo真是个热情好客的人。

8 月2日
在湖里游泳

7点钟，我们从睡梦中醒来。等我们洗漱完毕，Kelley已经在楼下等候了，Margo为我们准备好了早餐。今天的早餐可真是丰盛——培根、煎蛋、香蕉面包、哈密瓜与樱桃，还有一种Margo独家秘制的杏味点心，端上来的时候还是热乎乎的呢。这些食材大多都是Margo昨天晚上刚刚从市场买到的，香蕉面包是她自己烤制的，可新鲜呢。

在我们大快朵颐之前，Margo还为我端上了一大杯橙汁，外加各种酸奶、奶酪、果酱和黄油。盛果汁的杯子是个黑色的高脚杯，但却是塑料制成的，融合了高脚杯和普通杯子的优点。我又看了看盛咖啡的杯子：黄色底部，黑色把手，上端是各种柔和的彩色。用这样的咖啡杯喝咖啡，一定会让人觉得无比温暖。这个家庭旅馆虽然没有标准化设备，但是提供的服务比我之前去过的任何一家五星级宾馆都要贴心周到。

我又开始观察之前从来没见过的杏味点心：它的皮有好几层，有点像春卷皮，但又比春卷皮薄；皮明显是炸过的，又酥又脆，但是看起来又软得像丝绸一样；里面包的是杏酱，咬一口，杏酱就淌出来。我实在是佩服Margo的厨艺，这样薄的皮能够包住杏酱，放在锅里炸也不破，还能又酥又软，更重要的是杏酱的味道丝毫没有被破坏——这要多么炉火纯青的手艺才能做到呀！

在我们享用美味的时候，Margo的猫一直站在床边端详着窗外的景色。过了一会儿，它又跑到椅子底下去趴着，眯着眼一动不动，好像有什么心事。

吃完饭，还有一段时间才离开旅馆，我就认真地观察了一番Margo家的装饰品。我发现嫩绿色的餐巾纸放在一个青绿色白波点杯子里，而粉色餐巾纸放在一个带着小兔子的花篮里。餐桌另一边的桌子上也放了两个篮子，里面都是漂亮的复活节彩蛋；桌上还有一个笔筒，上面镶嵌着五颜六色的"宝石"。这里有许多兔子的元素，几乎所有类型的储物用品都少不了兔子的身影。旅馆的主人真是一个热爱生活的人啊！

图20-1 湖

与Margo道别之后，我们就奔着湖区去了。今天参观的湖比Chautauqua Lake小了不少，但是两个湖都有各自的风景；比起Chautauqua Lake独有的度假胜地气息，这个湖则是为平常生活添加亮点的休闲地带。湖边是一个小公园，有网球场、篮球场，还有供小孩子玩的沙坑和游乐设施。我也去荡了几下秋千，过了一把小孩子的瘾。

我还看到一个甜饼摊出售新鲜的面包蛋糕，还有水果。这里的水果比昨天的看起来更加新鲜，品种也更多。我们买了一盒蓝莓和一块布朗尼蛋糕，当作游泳后的甜点。

湖边草坪另有一种景象——有人穿着比基尼躺在彩色的大浴巾上；有人带着午餐在树下读书；还有人在白色长椅上安静地坐着，像是在思考人生。这个湖区张开热情的双臂，欢迎每位过路的人来到这里。

我们走到湖边，看见湖里有个区域被球形的白色浮标圈起来，旁边还有个更衣室——想必那就是游泳区了。我和Kelley换上了泳衣，妈妈则坐在旁边的长椅上休息。

我们慢慢走近湖水……这时我才回过神来：这是我第一次在真正的湖里游泳！我弯下腰抓起一把淤泥，发现它竟然是墨绿色的。置身于蓝色的天和蓝色的湖水里，感觉自己就像在梦境里一样。我在水里游了一会，感觉身子轻飘飘的，真舒服。远处几只天鹅在水面上浮着，划出一道道美丽的波纹。这才是"回归自然"的感觉！

我在湖里越玩越开心——水下的小石头很多，我索性捡起几块，玩起了打水漂的游戏。不过，无论如何也不能像我从前的几个小伙伴一样，让小石头碰到水面后再连续跳几下，一直跳到湖的深处去。玩腻了，我开始寻找湖里的小鱼儿——它们长的有几厘米，短的甚至不到一厘米，青灰色的皮肤让它们非常容易在水里隐藏，好不容易才看到一条，又"嗖"地一声游走了。

可惜，过了不一会，天突然阴下来了，太阳在5分钟内躲进了厚厚的云层，看起来一场大雨是避免不了的了。我们只好恋恋不舍地先上岸了……其实我还没玩够呢！

换好了衣服，吹干了头发，这一次我们要和妈妈一起去伊利湖了。当然，去伊利湖之前还要去上次的Subway三明治店。我和Kelley都特别希望妈妈尝一尝这里的乡村特色的食品。

这一次我还是要了一个ham & cheese三明治，妈妈要了一个牛肉三明治。我们又要了一包薯片，加上家里没吃完的Kettle Cooked薯片，一共是两包薯片。这次我们还买了一些Naked①饮料。我们要朝着伊利湖出发啦！

到了伊利湖公园，我们又在原来的位置铺上原来的毯子野餐。这次我尝了尝妈妈的三明治，味道不错，就是加了过多的海盐粒，有些咸了。我们吃完午饭后，又去了公园旁边的树林里探险。在树林的入口处，我还摘到了几个树莓，味道和Kelley家的差不多。进到树林里，我看到周围都是高大的树，每棵都大约有15米高。树林里还有不少小树和杂树，还有遍地的苔藓植物和蕨类植物。阳光从树的缝隙里钻进来，我顿时感觉这里就是背景图片的拍摄地点。在这些大树面前，我不得不说自己微不足道。我们拍了几张照片，就去了Chautauqua Institution。

妈妈显然很高兴，她见到岸上的私人码头之后，更是整个人都兴奋了起来。她一个劲地给那些码头的帆船和周围的小花拍照。

这一次，我们走到了一条鲜花小径上。白色的拱形门上有粉色和紫色的野花，又典雅又可爱。鲜花小径的左边是大草坪，右边是cafe。和上次一样，我又

---

① 全称为Naked Juice的美国饮料品牌，主打各种口味的健康混合水果汁。Naked的原本意思是"赤裸的"，这里的隐含意义应该是指Naked生产的奶昔不加有害添加剂，把水果原本的味道表现出来。

图20-2 湖中的木栈道

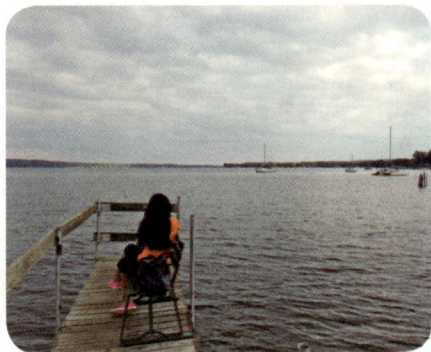

图20-3 湖上的我

点了一份芒果雪芭。这里的冰激凌口味隔一段时间就会换，但唯独芒果味的"雷打不动"，因为它是厨师用鲜芒果做的，是cafe的镇店之宝。妈妈和Kelley也买了几块点心。

吃完点心，我们去逛Chautauqua Institution里的服装店。这里的衣服和外面的差不多，但是小孩子的衣服都很可爱，有些面料就像毛巾一样。有的纪念品店售卖手风琴、口琴和笛子。妈妈买了一些邮票和明信片。

到了晚上，是时候回旅馆休息了。我们回去后，发现白板上已经多了几个名字，但是旅馆里却没有他们的踪影，想必是出去吃晚饭了。于是Margo带着我和妈妈去了她的养马场。"这是Ariel，我最喜欢的小白马。"她介绍着，"它今年三岁了。你看，它的毛原来是斑点一样的，现在正在褪毛，很快腿上的斑点都会褪去，成为一匹真正的小白马。"Margo说着，递给我一根胡萝卜。"来，你试着喂喂它。"我起

图20-4 Chautauqua Institution小店

图20-5 Margo与马

初有点害怕，但是Ariel很温顺，丝毫没有伤到我。Ariel旁边还有两匹马，棕色的是它的妈妈，另一只白色的是它的姐妹。我们在养马场旁边站了一会，就回到了客厅与Margo聊天。"看到这件圣诞老人的衣服了吗？那是我设计的，我每年都给Macy's商城设计节日礼服。"Margo慈祥地笑着，我们都在内心惊叹着她的才华。她还拿了一本很厚的小说送给我们。"这是我自己写的小说，写的是我的马、我的男朋友还有我的故事。"

"为什么是男朋友呢？"我在欣赏她才华的同时也很疑惑，难道她都已经五十岁了却还不结婚吗？"我的男朋友去世了。就在我们去冰岛度假时，他出了车祸，离开了我。那时离我们结婚还有半个月。"Margo说这话时显得很平静，但是我的心突然震了一下。在失去伴侣的打击下，她还能活得这么出色，并且对一切都那么乐观，她真是一个坚强的女人啊！

我们聊了很长时间，从美国地理聊到中国文化，从城市聊到乡村，竟一直聊到九点多。我们和Margo说了再见，就回到了房间。

从Margo那一直挂着善良的微笑的脸上，不会有人看出她人生中经历过的坎坷。我顿时明白，美国人的生活并不像想象中的那样容易和美好，每个人都毫无例外地经历过大大小小的逆境。与许许多多其他美国人一样，Margo积极地面对困难，并努力打拼，最后照样开辟出一片自己的天地。看到这样一个榜样，我今后也要学习她不抛弃、不放弃的精神！

图20-6　Ariel

图20-7　我与Ariel

8 月3日
壮观的尼亚加拉大瀑布

今天我们下楼的时候，楼下已经有六七个客人在享用早餐了。看到我们来了，所有人都站起来欢迎我们。Margo也站在旁边，微笑着大声介绍："这是Pamela，这是Margaret，她们来自中国。"每一个客人都与我们握了手，

图21-1　早餐

我们又吃了一顿与昨天差不多的早餐。但是，我今天的心情可不一样——我们就要去尼亚加拉大瀑布啦！这可是赫赫有名的景点，终于快要亲眼看到了，简直是太激动了。

也许是因为要参观大瀑布，Kelley今天打扮得特别漂亮——她穿了一条带白色波点的红裙子，外加一件白色蕾丝针织衫。这裙子看起来有点像米妮，但是穿在Kelley身上还是非常可爱的，而我就驾驭不了这种裙子。不过，这样打扮一下，拍照一定会很好看。

我们要出发的时候，Margo在门口与我们招手作别。

我对大瀑布的向往又转变成有点
舍不得离开她的情绪了，她真是
我见过的最坚强、最热情的人之
一了。真希望有一天再来这里，
再住进她的旅馆。

　　在去尼亚加拉大瀑布之前，
Kelley先带着我和妈妈去了她家。

图21-2　Margo家／旅馆

她的爸爸Mike亲自出门迎接，还向妈妈展示了我为他做的感谢贺卡。妈妈见到两
只大狗Ginger和Charlotte时非常开心，而我却完全不理解她的心情。唉，我什么
时候能够不再害怕大狗呢？在我们终于要走时，我和妈妈与Kelley一家在她家门
前合了个影。真是想不到，与Kelley相处的三个周就这样飞逝，真是时光如梭。
多年后再看看，该是多么珍贵的留念啊！

　　之后，Kelley把车开到了加油站，加完油之后我们又去逛了逛附近的超市，
买了一包13盎司①的薯片——在美国的日子仿佛每一天都离不开薯片。我们又买
了几瓶水，现在去尼亚加拉大瀑布吧！一个小时后，Kelley把车停在了尼亚加拉
大瀑布景点停车场里。我们提前订了票，所以很快领到了进入尼亚加拉大瀑布的
票——上面印着瀑布的美景。接下来的问题就是找一个地方吃饭——现在竟然已
经十一点半了。我们在亚洲餐厅里买了一些炒饭和一个鸡腿，匆匆忙忙吃完之
后，就随着临时旅游团坐上了大巴车。

①ounce，美国常用的质量单位。前文提到的13盎司约等于280克。

8月3日

壮观的尼亚加拉大瀑布

大巴车经过了一条叫做彩虹大道的桥——那是美国通向加拿大的通道。转了几个弯，我们就能隐约看到多伦多的景点，最突出的就是那个300多米高的电视塔。5分钟后，大巴车缓缓地驶入尼亚加拉大瀑布内部专用停车场。下了车，我们看到护栏下面就是一条由尼亚加拉大瀑布的水集成的河流，而最左边就是尼亚加拉大瀑布的全景了。水汽在缓慢地上升，形成一片显眼的白色蒸汽，在远远的地方就能看到一道彩虹。真是壮观啊！

我们跟随导游来到了河流下游——那个地方可以乘船近距离游览尼亚加拉大瀑布。走到最下面，每个人都拿到了一件蓝色的一次性雨衣，旁边还有一条告示："小心，会被淋湿！"听到返航的船上一阵阵惊呼声，我就知道乘客们肯定都淋成了落汤鸡。上一艘游艇船上的乘客下来了，身上全都是水珠。终于轮到我们三人上船了，我提前把相机背在肩上放进了雨衣里，以防镜头被淋坏。

果不其然，在我们距离尼亚加拉大瀑布大约70米的地方，扑面而来的水汽就已经像瓢泼大雨一样浇到了所有人身上。就算是在一层，我也能清晰地听到游艇二层上的游客哇哇大叫。看来我把相机藏起来的决定是完全正确的。趁着水并不那么大的时候，我抓拍了两张照片。刚刚扣好镜头盖，又有一场"暴雨"向我们袭来。尽管我穿着雨衣，头发还是湿了一大片。好在相机没有被打湿，真是谢天谢地啊！奇怪的是，瀑布旁边的大石头上还停着几只小鸟，它们反倒是一副完全没有受到水汽影响的样子，还在那里若无其事地喝水、嬉戏。

船还在继续向大瀑布的深处前进，由于水太大，这时的我已经不敢再用任何设备拍照了，那就戴上墨镜好好欣赏瀑布的美景吧！漂浮在空气中的水汽在阳光的照射下显得光芒四射，我甚至看到了双彩虹：一个是大的，呈半圆形；一个是小的，像一个环状光圈，外面是红色，里面是紫色。

为了让这短暂的游轮之旅更加有趣，船上一直在广播关于大瀑布的知识：大瀑布的正上方就是苏必利尔湖，这里还汇集了其他四个大湖的水源。从瀑布上游看，瀑布口处简直像一个断面；从下面看，整个瀑布的水流竟然是弧形，这可能与光的反射原理有关吧？

在水雾稍稍少一些的地方，我能更加清楚地观察尼亚加拉大瀑布了，也正好拿出相机拍了几张照片。尼亚加拉大瀑布其实是可以从三面看的，因为它是一个弧形，正好处于苏必利尔湖的尖角部位，三面都是悬崖。大瀑布还有不少分支，大概是因为在水流冲向下方时有几块大石头挡住了去路。瀑布顶部还有几棵巨大的古树，古树下方的岩石上还有楼梯，有一行人正沿着楼梯向上走……我们的船只行进了15分钟就返航了，我还有点恋恋不舍呢！

接下来我们就要体验更加刺激的项目了——真正进入到尼亚加拉大瀑布的内部！我们换好了黄色雨衣，然后去了一个叫做"死亡之谷"的洞穴。从洞穴里向外看，外面一直像在下大暴雨一样，简直是水帘洞！

在进去之前，导游给每个人发了一双拖鞋。经过短暂的商量，我们决定让妈妈在下面拿着大相机拍照，而我和Kelley则拿着各自的小相机拍近景。我们一步一步地走上楼梯，随着水越来越大，步伐变得越来越艰难。

我拍了几张瀑布彩虹、水打在岩石上的照片，还拍了几张植物被水拍打的照片。在这儿，我看到了一整个彩色光圈，还很大呢！光圈的上面是非常清晰明艳的大彩虹，用照相机拍出来的效果空前的好，让我不禁想起了Skittles彩虹糖广告。我好不容易走到了瀑布指示牌旁边，妈妈为我拍了一张照片。正在我们拍照的时候，我听见Kelley"啊"的一声大叫。原来她刚刚被一阵突如其来的"大雨"淋透了，她的白色外搭也被红裙子染成了粉红色。天啊！我们只好急匆匆地下了楼梯。之后，我们又在安全地带玩了一会儿，就回到了车上。

不一会儿，浑身湿漉漉的旅客们都陆陆续续地回到车上。我们终于要回去了，在车上我又回头看尼亚加拉大瀑布——蒸腾的水汽依然飘向天空，只是天空已经微微泛起红晕了——没错，已经下午六点了。到了停车场，Kelley说要带我们去和她的姐姐Mary及她的男友共进晚餐。

这是家休闲的西餐厅，里面有许多欧美人喜欢的正宗菜品。我们都很累了，于是我好好地犒劳了一下自己——我点了一块20美金的大牛排，带血的那种！对于这个价位的牛排来说，它的分量还是很足的：一块14盎司的牛排，还有烤土豆、沙拉和蘑菇酱，真是一顿大餐呢！

而其他人也点了不少东西，看来真的是饿坏了：妈妈点了一块三文鱼，Mary的男朋友点了一份烤排骨，Kelley和Mary则点了一大份沙拉和更大的一份薯条。今天每个人都吃得很饱，愉快的聚会一直持续到了九点半。大约九点四十分时，Kelley把我们送到了机场酒店。在这里，我们就真的要与Kelley道别了。

"在中国见！后会有期！"我们依依不舍地和Kelley挥手告别。为期三周的美国旅程至此告一段落了。我坐在旅店的床上，回想这个欢乐的假期，一幕幕场景在我脑中像是播放电影一样，仿佛鲜活的体验一直挥之不去。我从华盛顿到了弗吉利亚州，又到了纽约州的Chautauqua县，现在又到了水牛城的尼亚加拉大瀑布，一路上的风景和体验是多么美好呀！

8 月4日
离开美国

今天我们就要离开Kelley的家乡了。我们计划今天先从水牛城飞到纽约，明天从纽约坐长途飞机。这二十多天过得太充实，"转瞬即逝"这个词用在这里真是再合适不过了。

因为第一程航班是美国国内航班，不需要太早去机场，所以有足够的时间吃早餐。早餐很普通：培根、香肠、鸡蛋、面包、华夫饼等等。吃完之后，我拿了一包麦片，在空盘子上摆出"I will never forget this place!"的字样。嘻嘻，虽然摆得有点不太好，但我还是为这个作品感到有点小骄傲呢。

十点钟，我们坐上了去机场的免费巴士，顺利坐上了飞机。水牛城到纽约的飞机很准时，而我们买的又是第二天从纽约离开的机票，这代表我可以在纽约呆半天。所以一到酒店放下行李，我们就赶紧打车来到了纽约市区。

第五大道已经和两年前的第五大道不一样了，这里添了很多新的店铺。在街头吃了一个多汁的水果玉米之后，妈妈提出要去一个她曾经去过、而我上次并没发现的大商铺——American Girls。

一进入这家商铺，映入眼帘的就是各种小小的洋娃娃的衣服，穿它们的就是那些洋娃娃。不得不说这家专卖店对于洋娃娃的衣服设计确实很精致，所有的衣服都有相配的套装，并且每一个种类的衣服都有好多套，有校服套装、晚礼服裙套装，还有运动套装、休闲套装、各种工作服……我的眼睛都看不过来了。在这个洋娃娃专卖店里，我简直就像在逛衣服店。更有意思的是，有些洋娃娃的衣服还有配套的真人女童装，大大的海报上写着"dress just as same as your American Girl"。

再向里走走，我看到有大约60个洋娃娃站在我面前。它们的肤色大约一半是黑色和黄色人种的，一半是白色人种的。这其中又有黑眼睛、绿眼睛、蓝眼睛、棕色眼睛，波浪卷头发、直发、小卷儿头发、黑头发、金色头发、棕色头发、红色头发、白色头发……天哪，我根本无法完整描述1~60号娃娃各自的不同特征。再看看周围，一群七八岁的女孩在地上坐着玩，她们人手一个娃娃，长得和她们本人都比较像。因为美国是一个"melting pot"，各种人种都有，所以女孩们的特征和体态都不同。我终于明白了这家店的初衷：无论外观如何，每个女孩都应该有一个"私人订制"的娃娃。看过了60个洋娃娃，我来到了饰品区：这儿还有挑染的头发、发箍、鞋子、皮绳、袜子、手包、书包，甚至还有手表。这些饰品风格也不尽相同，有粉色甜美风格、重金属摇滚风格、高贵冷艳的晚礼装风格、普通的学院风格、活力运动风格……真是充分地囊括了不同女孩的个性，简直就是build a bear的升级版嘛！

妈妈问我想不想要一个。我看了看价格：110美元！衣服还要再花90美元。

虽然我很喜欢，但是想了想，为了省钱省空间，不买了！经过几十秒钟的心理斗争，我还是坚持空手走出了American Girls，心里竟然有种莫名的自豪感。我们又去了一遍M&M巧克力豆和好时巧克力店买些东西给朋友和亲戚——真是奇怪，竞争对手为什么要面对面地开在49街上？还没等我看够时代广场，太阳就像是在提醒我们要赶时间似的，急匆匆地下了山。第二天，我们早上五点起床，登上了回程的飞机。

一切仿佛都是那么匆忙，一切仿佛还没有过去。带着各种小纪念品、明信片、几千张照片和无尽的回忆，这次休闲美国之旅就这样落下了帷幕。虽然有一些不舍，但我相信总有一天我还会回到这个地方，希望那时的我会在自己理想的地方学习更高深的知识，并为这段美国文化初体验感到欣慰。这三个周虽然只是我人生中极小的一部分，但当我回头看看时，这段美好时光都一定像一块硕大闪亮的宝石，一下子就能从名为"回忆"的珠宝盒中脱颖而出。

后 记

四年之后的七月十五日（代后记）

2017年7月15日，下午五点半，我骑着自行车正赶往斯坦福购物中心。

下午的五点半，往往是Palo Alto 这座硅谷小城7月份的天气中最舒适宜人的时候。此时，暑热会逐渐被凉爽替代。风，柔柔的，温温的，它气息里会有一点热的底子，但是热而不燥，经常还会带来一点干草的气息。阳光绝不像已近黄昏，它的灿烂明亮依然饱满，会像尼亚加拉大瀑布那般磅礴流泻，毫不吝惜地将所到之处涂上一层温暖的金黄。说起来，今年暑期，我在斯坦福大学夏校的每一个傍晚都不尽相同，但这些傍晚都有一个共同特点：忙！但不管是在图书馆做数学作业，在广场写生，还是在学生辅导中心编程，夕阳都一直用它的金色慰藉、陪伴着我，让我觉得忙是一种更加充盈饱满的快乐。

不过今天，我可以暂时从夏校紧张的时间安排与学业任务中抽身出来，也算偷得半日闲了。因为一位儿时好友就在今晚会抵达，前来参加斯坦福大学的夏令营项目。于是，我们约好今晚在购物中心小聚，一是欢迎他的到来，二来也交流一下各自的暑期体验。毕竟我已经在斯坦福大学学习与生活了三周，对学校的情况有所了解了，我所体验到的一切也许能带给他些微帮助。

后 记

　　这座小城对自行车骑行者非常友好，道路上专门设置了自行车道。同学告诉我，由校园骑车去只要二十分钟。但是我对于自行车的全部记忆都来自于幼儿园时期。为了适应偌大的校园，必须重新学会这门技能，这可花了我不少时间，还跌了几跤，甚至有一次摔倒在一片干草区，惹来同学们的一片窃笑。于是，作为一个来自自行车大国的自行车新手，我笨手笨脚地不小心闯了两次红灯，骑错三次车道，花了半小时才抵达了购物中心。直到把自行车停下，我才敢长出一口气——终于，我也靠着手机里的导航和探险精神，独自到达了全新的目的地！

　　在斯坦福购物中心的导览地图上，我一下子就发现了Pinkberry酸奶冰激凌店。虽然这不是我最喜欢的酸奶冰激凌品牌，但我还是按图索骥找了过去。很可惜，它正在停业整修中，我只好去旁边的法式点心店买了几个马卡龙，就在购物中心的露天休息区，享受了一个人的简单的下午茶。吃不到从幼时就执念的冰激凌，我还真有一点小小的遗憾，因为记忆是个执拗的家伙，它特别喜欢找存在感：酸奶冰激凌那沁着凉意的美好味觉，即使马卡龙的薄脆与甜腻也压不住它，它就是那么一下子晕开，在嘴角泛开来。不，不仅仅是那一点味觉如此执拗，其实所有我在异乡游历的时光片段都一直不曾远离：学习与生活忙碌时，它们就暂时退隐；一有机会，它们就载歌载舞地在我的眼前活了起来。

　　是的，这里是加州，旧金山，Pala Alto，此刻已是黄昏时分，阳光依然灿烂眩目，天空万里无云，此刻的天幕就像一个绝佳的、动态的调色盘，东边的湛蓝正在变幻着过渡到西边的明黄。我的耳边，广场上正飘着海顿小夜曲和来自世界各地的游客的语音，行人的兴奋的脚步声，小孩子的喊叫声，高跟鞋有序的"哒哒"声……我正在等一位朋友，我有一点想家，我有一点怀旧——我不是小孩子了，我也有资格可以怀旧了，哈哈！我仿佛已经看到了此时遥远的家乡，我也看到了自己，很多个自己，有的在长城拿到了自己人生中第一块硕大的"金牌"，上面写着"不到长城非好汉"；有的在西安碑林博物馆，不想看字，只想追着那里的猫咪玩儿；有的在桂林，最爱那排筏上的烤鱼；有的在悉尼歌剧院，不懂欣赏歌剧院的建筑之美，只知道追逐歌剧院门口的鸽子们；有的在爱丁堡，挤进一家咖啡馆，听人说那是罗琳曾经奋笔疾书的地方；有的在伦敦，每天都要穿越海德公园的长草区……那时的每一个"我"，都依偎在爸爸妈妈身边，等待着他们计划每一天的行程，寻找餐厅，带我去博物馆和剧院，等待着他们给我讲解、给我指点。

啊！我突然想起来，好巧！就是在四年前的今天，我跟随着Kelley开始了那场定义了我的12岁的旅行。那是一场让我真正学到了美国原汁原味的文化与知识的旅行，那是一场真正离开爸爸妈妈的怀抱、独立探索的旅行。

四年前，2013年7月15日的早上六点半，我正躺在充气床上双目圆睁，怎么也睡不着。头天夜里是哭着睡着的，早上却醒得很早，不知是倒时差还是想念爸爸妈妈或者是兴奋的缘故，我说不清。那天清晨，阳光明媚，暑假的第一天就要正式开始了，那时的我，应该正准备着迎接早餐和充实的动物园之旅。

而今天，2017年7月15日，早上六点半，我正躺在斯坦福大学宿舍里的单人床上，听着手机闹铃，准备把自己从床上拽起来。真的是需要拽才行啊：前一晚我在斯坦福夏校的才艺表演刚刚结束，十二点才睡觉，今天又要六点半起床，要随团去蒙特雷湾水族馆参观。比起四年前的今天，现在我要入睡可是分分钟的事，但起床可就没那么容易了。

四年前，在华盛顿动物园，看到千奇百怪的动物，我开心极了，用手机

后 记

拍下了不少照片，有颜色鲜艳的箭毒蛙，一米长的金刚鹦鹉，还有少见的火烈鸟宝宝……我一边惊叹着、按捺不住自己的兴奋，一边又得时时刻刻和Kelley和Jeannette走在一起，想着千万别走丢。虽然我读得懂英文，但还是远没有读中文来得快；周围的一切用异国语言标识，再亲切友好也毕竟有一丝陌生。

四年后，在蒙特雷湾水族馆的纪念品商店摆了一整墙的毛绒玩具，雪白的海豹，站立的小企鹅，流线型的海豚……别说四年前，现在的我都想要一个呢！我记得Jeannette的男朋友就是个"海豚控"，收集了一整墙的海豚玩具。带队老师允许解散后，夏校的同学们便四散开来。我独自行动，背着单反相机，拍下了在彩色光束下舞动的水母、扑棱着短翅儿的非洲企鹅和水族馆壮阔的外景。海面厚重的晨雾还没完全散开，左边的天还云雾缭绕，海面泛着银灰色的金属光芒；右边已经是晴空万里，阳光打在海面上，像蓝布上散落了无数颗钻石。近处远处都依稀有几只海鸟，几艘渔船，几个冲浪的人……好漂亮。在瞭望台上站了足足十五分钟，我才从这片蓝色的世界中回过神来。"Wow, I guess I have to go back（哇，我看我得走了）……"我笑着对自己说。我热爱这眼前的美景，也欣赏能学会与自然和生活独处的自己。

我忽然发现，在等待朋友时，我所经历的这一次"观赏"记忆，让我有了一点小小的得意与欣喜：现在，我不再是那个需要尾随着亲人和朋友才敢去探知新世界的小姑娘，那些曾经只是存在于想象中的、令我生畏的独立生活，现在看来也充满了探索与发现的乐趣。我也可以独自一人在异国他乡学习与生活、去发现新世界了；并且，我自己的经验也可以发挥一点作用，为他人担起"向导"之职了。

对比四年前后的7月15日，我经历的是两种不同的"充实"夏日体验——

179

一次在陆地，一次在海畔；一次是尽情享受，一次是忙里偷闲；一次是同行和跟随，一次是独行和引导。也许唯一不变的是我对甜美滋味的追求。从以前在美国必吃的酸奶冰激凌到斯坦福周边的马卡龙，甜味有了变化，但幸福感一点儿也没变。正因为当年，在适宜的时间，去了适宜的地方，看到学到了我正需要的事物，才有了我今天在外留学、每天充满理想的生活。以那次旅行为起点，我正一步一步朝着梦想加油。在斯坦福的暑假则令我更加深刻地感受到：为目标而奋斗，苦累不可避免，但事成后的幸福感、满足感也是无可替代的。那个最初被酸奶冰激凌吸引来美国的小女孩，也终于学会了为创造自己的幸福滋味而努力！

感谢我亲爱的父母所给予我的爱与支持。

感谢我的良师益友——Kelley McLaughlin。在这本旅行游记中，我学到的美国文化礼仪和英语知识，为我将来在美国的留学打了坚实的基础，使我受益无穷。

感谢各位编辑老师为此书出版所付出的努力。

感谢支持我、爱我的所有家人与朋友们。

最后，感谢本书读者们的支持！